LOS 15 EXPERIMENTOS MÁS SORPRENDENTES EN PSICOLOGÍA

...y qué revelaron de la naturaleza humana

LOS 15 EXPERIMENTOS MÁS SORPRENDENTES EN PSICOLOGÍA

…y qué revelaron de la naturaleza humana

RICARDO CALZA GONZÁLEZ

www.ricardocalza.es

Imágenes de portada:
White laboratory rat isolated on white background © Farinoza - Fotolia.com.
Crazy Scientist © Mat Hayward - Fotolia.com.
Futuristic interior © mik38- Fotolia.com.

CreateSpace Independent Publishing Platform
1ª edición (Abril 2015); v45

ISBN-13: 978-1507708767
ISBN-10: 1507708769

Ψ

«Son vanas y están plagadas de errores las ciencias que no han nacido del experimento, madre de toda certidumbre».
Leonardo Da Vinci

«El ser humano es un experimento; el tiempo demostrará si valía la pena».
Mark Twain

ÍNDICE

ESTIMADO LECTOR 11

Ψ «MONSTER STUDY»: EL EXPERIMENTO MONSTRUO. 17

Ψ EL EXPERIMENTO DE MILGRAM: LA OBEDIENCIA CIEGA A LA AUTORIDAD. 23

Ψ EL EXPERIMENTO DE LA PRISIÓN DE STANFORD: LAS CAUSAS Y LOS EFECTOS DE LA MALDAD. 29

Ψ EL EXPERIMENTO DEL PERRO DE PAVLOV: EL PODER DEL CONDICIONAMIENTO. 37

Ψ EL EXPERIMENTO DEL PEQUEÑO ALBERT: «DADME A UN NIÑO SANO Y LO CONVERTIRÉ EN LO QUE QUIERA». 43

Ψ EL EXPERIMENTO DE ASCH: EL PODER DEL GRUPO. 49

Ψ EL EXPERIMENTO DE ROSENHAN: ¿ESTAMOS TODOS LOCOS?. 55

Ψ EL EXPERIMENTO DE INDEFENSIÓN APRENDIDA: CUANDO YA NO SE PUEDE MÁS. 61

Ψ EL EXPERIMENTO DE BARLETT: NO SE FÍE DE SU MEMORIA. 67

Ψ EL EXPERIMENTO DE ROBBERS CAVE: LAS CAUSAS DEL ODIO ENTRE GRUPOS. 73

Ψ EL EXPERIMENTO DEL MUNDO PEQUEÑO: EL MUNDO
ES UN PAÑUELO.   81

Ψ EL EXPERIMENTO DE LAS EXPRESIONES FACIALES DE
LANDIS: ¿LA CARA ES EL ESPEJO DEL ALMA?   87

Ψ LOS EXPERIMENTOS DE HARLOW CON MONOS: EL
ORIGEN DEL AMOR Y LOS EFECTOS DE LA SOLEDAD. . .   93

Ψ EL EXPERIMENTO DE KURT LEWIN: EL MEJOR ESTILO
PARA MANDAR.   101

Ψ EL EXPERIMENTO DE LA TERCERA OLA: CÓMO CREAR
UN ESTADO TOTALITARIO EN UNA SEMANA.   109

Ψ UNA EXPERIENCIA PERSONAL: MI PARTICIPACIÓN EN
UN EXPERIMENTO PSICOLÓGICO.   117

BIBLIOGRAFÍA Y RECURSOS.   123

SOBRE MÍ.   127

ESTIMADO LECTOR...

Con esta primera página comienza el libro que le contará algunos de los más famosos y sorprendentes experimentos de cuantos se han realizado en el campo de la psicología, y cuáles son las enseñanzas que se extrajeron de todos ellos sobre la manera en que funciona la mente humana.

La psicología es una ciencia muy reciente. Su nacimiento data del año 1879, cuando Wilhelm Wundt, considerado el padre de la psicología moderna, puso en marcha en la Universidad de Leipzig (Alemania) el primer laboratorio destinado a investigar cuáles eran las bases de la conciencia humana.

Se considera esa fecha como el nacimiento de la ciencia psicológica porque para realizar sus investigaciones Wundt se atenía a los principios del método científico (básicamente el método científico dice que para entender un fenómeno se debe diseñar un experimento para observar por qué y cómo se produce, y dice también que para que las conclusiones de un experimento sean consideradas válidas, este debe ser reproducible en cualquier tiempo y lugar).

Por medio de sus experimentos, Wundt investigó el papel que las percepciones, las sensaciones, los sentimientos, la atención y la voluntad desempeñan en la formación de la conciencia de las personas.

Es por esta «juventud» de la psicología que los lectores comprobarán que la mayoría de los experimentos aquí relatados se han realizado en el siglo XX, cuando las distintas escuelas teóricas estaban ávidas por saber más acerca de los procesos psicológicos de los seres humanos.

Esto no quiere decir que en la actualidad no se sigan realizando experimentos, pero he decidido escoger estos quince porque, debido a la todavía relativamente breve historia de la psicología como ciencia, el tiempo que ha transcurrido desde que se realizaron y el impacto e influencia que han supuesto para la comprensión de la mente humana han contribuido a que muchos de ellos sean considerados como «clásicos».

Cualquier experimento científico, sea cual sea el campo del conocimiento al que pertenezca, puede parecer, en un primer momento, limitado, en el sentido de que en él no se adivinan las consecuencias que los secretos que desvela pueden tener para la vida diaria de las personas.

Así, es muy probable que alguien que vea imágenes o filmaciones de los primeros ensayos que hacían los ingenieros aeronáuticos que empezaban a investigar los sistemas de propulsión en cohetes durante las primeras décadas del siglo XX, solo observe a un grupo de personas en un campo con una especie de juguete más o menos grande que se eleva unos cuantos metros del suelo para acabar cayendo a los pocos instantes.

En el momento en que se realizaban esas pruebas pocos de los que las vieran, y posiblemente algunos de los allí presentes, tendrían la perspectiva suficiente como para darse cuenta de que esos primeros ensayos eran los precursores de una serie de avances científicos de los que iban a terminar saliendo misiles capaces de viajar de un continente a otro o los cohetes que posibilitaron que el ser humano llegase a la Luna.

Debido a lo riguroso del método científico, cuando un investigador describe su experimento se debe ceñir a explicar si se confirman o no las hipótesis que planteó al inicio de la prueba, y su descripción debe ajustarse, escrupulosa y metódica, a los resultados que obtuvo. Ninguno se permite, al menos sobre el papel, dejar volar su imaginación y aventurarse a deducir las futuras aplicaciones que se pueden derivar de su descubrimiento.

Pero lo cierto es que los experimentos, a menudo realizados en sótanos de universidades, en pequeños laboratorios, con medios limitados, utilizando estudiantes como colaboradores o como sujetos experimentales, acaban a veces superando las expectativas iniciales y convirtiéndose en descubrimientos, adelantos o inventos que tienen la capacidad de influir en la vida de muchas personas, y en algunos casos, en la misma historia de la humanidad.

Esto ocurre también con los experimentos que se hacen en psicología. Si bien pueden resultar más sorprendentes que los realizados en otros campos de la ciencia, porque para explorar la naturaleza humana muchos de ellos ponen a las personas en situaciones que con facilidad despiertan la curiosidad y el interés, recomiendo al lector que, al reflexionar sobre ellos, no se quede solo en las conclusiones empíricas que los autores nos trasladan, y deje volar su imaginación para pensar en las implicaciones que cualquiera de estas investigaciones puede tener, a un nivel más amplio, en la explicación de la naturaleza humana, y por lo tanto, en la de cualquier obra, hecho o situación que sea resultado de la voluntad o la acción humanas.

Comprendiendo cómo funciona la psicología de las personas, estaremos más cerca de entender todo aquello que los seres humanos hacemos, sea un acontecimiento de nuestra biografía particular, una alteración o trastorno psicológico, un hecho social o la misma historia.

La ética de los experimentos

Para el título podría haber utilizado, en lugar de *sorprendentes*, muchos otros adjetivos, ya que al lector, y a mí mismo, algunos de los experimentos aquí contados le parecerán curiosos, otros impactantes, algunos crueles y otros desconcertantes, entre muchas otras reacciones posibles. No obstante, varias de las investigaciones descritas en el libro comparten un calificativo común: influyentes. Algunas de ellas han supuesto una verdadera revolución en la ciencia psicológica y en la concepción que se tenía en la época en que se realizaron sobre el funcionamiento de la mente de los seres humanos.

Pero al contrario de lo que decía Oscar Wilde en el prólogo de su libro *El retrato de Dorian Grey*, acerca de que el arte *«no es moral o inmoral»*, los experimentos científicos sí pueden ser éticos o no éticos, en función de si se ajustan a un determinado código de conducta investigadora y respetan los derechos de las personas y de los animales. Desgraciadamente, como el lector comprobará, no siempre ha sido así. Evidentemente, rechazo el diseño y la forma en que se llevaron a cabo algunos de los estudios aquí citados.

La naturaleza humana es compleja y ninguno estamos libres de cometer graves errores, aun cuando persigamos unos fines que consideramos buenos o positivos. Además, en la época en que se llevaron a cabo algunos de los estudios los estándares éticos para la realización de investigaciones científicas estaban todavía por desarrollar. Incluso alguno de ellos contribuyó, de forma indirecta, a que se establecieran límites para lo que se podía o no hacer en una investigación científica. En algunos casos, con el paso del tiempo los propios autores se mostraron arrepentidos de sus experimentos.

Sin embargo, no es mi intención juzgar ni a los experimentos ni a sus autores, sino tan solo trasladárselos al lector para exponerle de qué manera contribuyeron a explicar cómo sentimos, pensamos y nos comportamos las personas. Que sea cada uno quien saque sus propias conclusiones sobre lo ético o no de cada investigación.

Intención divulgativa

Mi intención al describir y explicar los experimentos es contribuir a la divulgación de la psicología. Pretendo transmitir a quien lea el libro la idea de que la psicología es una ciencia, y que, como tal, su estudio y aplicación no responde a intuiciones, filosofías o sabidurías.

Para facilitar esta intención divulgadora, no profundizaré en exceso en detalles técnicos, metodológicos o discusiones sobre los resultados de cada investigación, todas ellas cuestiones que deben restringirse a ámbitos académicos y científicos, y que deben ser tratadas por profesionales de mayor conocimiento y preparación que los míos.

Así pues, el libro tiene la pretensión de trasmitir conocimiento a la vez que resultar ameno, lúdico, fácil de leer y contribuir a la divulgación y popularización de la psicología como ciencia.

No pretendo en ningún momento sustituir los trabajos originales de los autores, sino solo dar unas nociones generales de las investigaciones que realizaron, para de esta manera estimular en los lectores el interés y el respeto por el conocimiento científico. Remito a ellos a todos aquellos que deseen conocer más y mejor cualquiera de los experimentos.

Al final de cada capítulo, en el apartado *Referencias* cito el artículo científico original por el que fue dado a conocer el experimento y que me ha servido de referencia principal para la elaboración del capítulo. En el apartado *Fuentes documentales* menciono los demás recursos que me han sido de utilidad para recopilar la información de cada investigación.

Una experiencia personal

Si bien el título del libro dice que son quince experimentos los que aquí encontrará, en realidad son dieciséis, ya que como último experimento me he tomado la libertad de compartir con los lectores una experiencia personal, ocurrida cuando, cursando mis estudios universitarios, decidí presentarme voluntario para participar en una investigación que realizaba uno de mis profesores.

Algo de lo que ocurrió en el transcurso de aquel experimento me ha acompañado durante años, y por mucho que lo he intentado no he logrado desembarazarme de ello.

Quién sabe, tal vez incluso haber decidido escribir este libro no sea más que una manera inconsciente de ajustar cuentas con lo que pasó aquel día... aunque pensándolo mejor, no. No creo que el inconsciente tenga tanto poder sobre la conducta.

«MONSTER STUDY»: EL EXPERIMENTO MONSTRUO

El experimento que pasó a la posteridad como «estudio Monstruo» (Monster Study) se llama en realidad *Un estudio experimental del efecto del etiquetado evaluativo de la fluidez verbal* (en inglés, *An Experimental Study of the Effect of Evaluative Labeling of Speech Fluency*), y es el nombre de una tesis doctoral para la que se llevó a cabo un experimento destinado a investigar las causas de la tartamudez.

Fue diseñado en el año 1939 por Wendell Johnson, psicólogo y profesor de la Universidad de Iowa, y puesto en práctica por Mary Tudor, estudiante que realizaba su tesis doctoral bajo la dirección del profesor Johnson.

El experimento se realizó con niños y niñas huérfanos pertenecientes al Hogar para Huérfanos de Soldados y Marineros (Soldiers and Sailors Orphans Home) de la ciudad de Davenport (Iowa, Estados Unidos) y se prolongó durante cinco meses, entre enero y mayo del ya citado año 1939. La intención del experimento era inducir a propósito la tartamudez en algunos de los niños utilizando la «presión psicológica».

Para la prueba se evaluaron a más de 200 niños, de los que finalmente se escogieron 22, con edades que iban desde los 5 a los 16 años, y de los cuales 10 presentaban problemas de tartamudez y 12 no tenían ninguna dificultad en el habla. Se distribuyó a los niños en dos grupos, los que tartamudeaban y los que no, y a su vez cada uno de estos grupos se dividió en otros dos, el grupo experimental y el grupo de control.

El experimento consistía en reforzar positivamente, utilizando alabanzas, la ejecución verbal de los niños que formaban los grupos de control. Se mantenían conversaciones con ellos en la sala en donde se realizaba el experimento y se restaba importancia a cualquier fallo o error que cometieran al hablar, animándoles a esforzarse por corregirlos y diciéndoles que serían capaces de superarlos.

Mientras tanto, la ejecución verbal de los niños de los grupos experimentales era reforzada negativamente, llamándoles constantemente la atención sobre cualquier fallo que tuvieran al hablar y diciéndoles que eran o se volverían tartamudos si continuaban cometiendo ese error (por ejemplo, una duda, una pausa o una repetición casual de una sílaba o una palabra durante la conversación suponía que se le dijera a un niño que eso podía acabar convirtiéndole en un tartamudo, lo que despertaba en él o ella ansiedad e inseguridad).

En ambos casos, el personal del orfanato fue instruido para que continuara aplicando sobre los niños, fuera de las sesiones experimentales, reforzamiento positivo o negativo según el grupo al que pertenecieran.

Resultados

Para los autores, los resultados que se obtuvieron al terminar el experimento probaban que el tipo de refuerzo utilizado (positivo o negativo) influía en la aparición, desarrollo o superación de los problemas y alteraciones del habla, lo que avalaba la teoría del profesor Johnson de que no se nacía con tartamudez, sino que esta tenía causas psicológicas, y que eran las reacciones negativas a fallos y problemas normales del habla lo que acababa provocándola.

Reacciones de disgusto, correcciones o comentarios negativos por parte de los padres u otras personas, podían provocar que un niño desarrollara ansiedad hacia un pequeño fallo al hablar que habría desaparecido con el tiempo si no se le hubiera reprendido, y que esa ansiedad terminara por hacer que tartamudeara.

La evidencia de estos resultados sería de gran utilidad a la hora de diseñar tratamientos para este desorden.

Sin embargo, finalizado el experimento, varios de los niños que habían formado los grupos castigados verbalmente sufrían daños psicológicos permanentes como consecuencia del impacto emocional de la presión psicológica recibida. Esto hizo que algunos de ellos arrastraran problemas del habla durante el resto de sus vidas (para más desgracia, aparentemente, el personal del orfanato continuó administrando los refuerzos verbales con posterioridad a la finalización del experimento).

Una interpretación más general y más libre de los resultados podría ser hasta qué punto reforzar o reprender a las personas puede influir en ellas, llegando incluso a causarles daños psicológicos y emocionales, que se manifiestan en los comportamientos más básicos y que pueden persistir durante mucho tiempo, trastornando de forma muy seria el curso de sus vidas.

El apodo

Cuando algunos de los colegas del profesor Johnson supieron del experimento, se mostraron escandalizados, hasta el punto de que empezaron a utilizar la expresión «estudio Monstruo» (Monster Study) para referirse a él.

El profesor, temeroso de cómo podría afectar a su carrera profesional el experimento (desde Europa empezaban a llegar noticias de las investigaciones que los nazis realizaban con seres humanos), decidió que no se hicieran públicos los resultados en ninguna revista científica. Actualmente solo se conserva la tesis doctoral de Mary Tudor como evidencia escrita del experimento.

Los responsables

El propio profesor Wendell Johnson sabía perfectamente del sufrimiento que puede provocar la tartamudez. Él era tartamudo y durante años había padecido vergüenza, inseguridades, limitaciones y, posiblemente, humillaciones, hasta el punto de que en su época de estudiante se sometió voluntariamente a todo tipo de experimentos para investigar esta alteración del habla, y terminó por dedicar toda su carrera profesional a su comprensión, llegando a ocupar varios cargos académicos y profesionales relacionados con el estudio y tratamiento de las patologías del habla.

A la vista de su biografía no parece aventurado suponer que el propio impacto personal de haber sufrido esta alteración le impidió valorar en su justa medida la ética del experimento que diseñó.

Mary Tudor declaró, en entrevistas concedidas años después, que en la época en que realizó el experimento a menudo se sentía deprimida al ver cómo iba afectando al habla de los niños, e intentaba justificar la investigación diciendo que los resultados obtenidos habían servido para ayudar a muchas personas a superar sus problemas de tartamudez.

Años más tarde, recibió en su domicilio cartas de algunos de los, ya adultos, antiguos participantes en el experimento, calificándola de *«monstruo»* o acusándola de haberles arruinado la vida.

En el año 2001 la Universidad de Iowa (donde era profesor Wendell Johnson) pidió públicamente disculpas por el experimento, y en 2007 varios de los participantes recibieron del estado de Iowa una indemnización económica por los daños que les fueron causados en el que pasó a la historia de la psicología bajo el nombre de «estudio Monstruo».

Referencias

Ambrose, N. G. & Yairi, E. (2002). *The Tudor Study: Data and Ethics.* American Journal of Speech-Language Pathology. Vol 11, pp. 190–203. doi: 10.1044/1058-0360(2002/018)

Tudor, M. (1939). *An Experimental Study of the Effect of Evaluative Labeling of Speech Fluency.* Iowa: Universidad de Iowa.

FUENTES DOCUMENTALES

BBC News (2007, 17 de agosto). *Huge payout in US stuttering case.* Londres: BBC. Recuperado de http://news.bbc.co.uk/2/hi/americas/6952446.stm

Dyer, J. (2001, 10 de junio). *Ethics and Orphans: The `Monster Study'.* San Jose Mercury News, The Mercury News. Recuperado de http://www-psych.stanford.edu/~bigopp/stutter2.html

Dyer, J. (2001, 7 de junio). *An experiment leaves a lifetime of anguish.* San Jose Mercury News, The Mercury News. Recuperado de http://www.uiowa.edu/~cyberlaw/hsr/wj-sjmn/orphan061101-2.htm

Johnson, N. (1999). *Wendell A. L. Johnson (1906-1965). Memorial Home Page.* Iowa, IA: Nicholas Johnson. Recuperado de http://www.nicholasjohnson.org/wjohnson

EL EXPERIMENTO DE MILGRAM: LA OBEDIENCIA CIEGA A LA AUTORIDAD

El conocido como experimento de Milgram se trató en realidad, como en tantos otros casos, de una serie de experimentos, realizados entre los años 1961 y 1962. La investigación de la que formaban parte pretendía desvelar hasta qué punto las personas tienden a obedecer las órdenes de la autoridad, aun cuando consideren esas órdenes como «malas» o «injustas», y vayan en contra de unos principios personales básicos.

El autor

Stanley Milgram (1933-1984) fue un psicólogo norteamericano especializado en psicología social. Originalmente graduado en Ciencias Políticas, realizó estudios para doctorarse en Psicología Social en la Universidad de Harvard, centro en el que trabajó como profesor asociado, al igual que en la Universidad de Yale, institución en la que realizó su famoso experimento.

Durante su época de estudiante universitario, Milgram había dado muestras de poseer dotes de liderazgo entre sus compañeros. Tal vez fuera esta tendencia, junto con, como él mismo señala en el artículo en el que explica el experimento, la preocupación por el Holocausto ocurrido durante la Segunda Guerra Mundial (en el que se produjo el genocidio de once millones de personas) lo que le llevó a querer investigar si existen en las personas mecanismos psicológicos que les hacen obedecer órdenes sin cuestionarlas.

Los resultados de su investigación demostraron que efectivamente las personas tendemos a obedecer las órdenes que provengan de lo que percibimos como «autoridad», incluso cuando no estemos de acuerdo con esas órdenes.

Así lo demuestra el hecho de que hasta el 65% de los participantes en el estudio acataron las órdenes que se les daban para que continuaran administrando severas descargas eléctricas a una persona aun cuando esta se quejaba del enorme sufrimiento que le producían.

Veamos entonces cómo se llevó a cabo el más representativo de esta serie de experimentos.

El experimento

Un anuncio en prensa sirvió para solicitar voluntarios para el experimento, que se realizaría en la Universidad de Yale. Se pagarían 4,50 dólares por una hora de trabajo.

De todas las personas que respondieron al anuncio, finalmente fueron seleccionadas 40, con edades comprendidas entre los 20 y los 50 años, y que provenían de diferentes ocupaciones y nivel social.

A los participantes se les decía que el objeto del experimento era demostrar el efecto que el castigo tenía sobre la capacidad de aprendizaje y de memorización (lo que en realidad se pretendía, como ya hemos dicho, era averiguar si existe una explicación psicológica para la obediencia). Se dejaba claro que el dinero se conseguía por el mero hecho de participar, y que no dependía de lo que se hiciera durante el experimento.

La prueba consistía en que los participantes debían realizar una serie de preguntas a una persona para comprobar su capacidad de aprendizaje y memorización. En caso de que las respuestas fueran equivocadas, debían administrarle una descarga eléctrica.

El aparato con el que se administraban las descargas marcaba 30 niveles distintos de intensidad. Las descargas iban desde los 15 a los 450 voltios, y estaban señaladas como *ligera, moderada, fuerte, muy fuerte, intensa, extremadamente intensa, peligrosa* y *XXX*.

De esta manera, los participantes se hacían una idea clara del dolor que podían causar (por encima de 195 voltios una descarga eléctrica estaba señalada como muy fuerte). También ayudaba a hacerles conscientes del dolor que infligían el hecho de que las personas que recibían las descargas emitían quejidos, lamentaciones y gritos según lo intenso de la corriente administrada.

Lo que los participantes ignoraban era que las personas que iban a responder a las preguntas, (las «víctimas») eran en realidad cómplices del experimento. Las descargas no llegaban realmente a ellas y el dolor que manifestaban era fingido.

A medida que la víctima iba cometiendo fallos, el experimentador ordenaba al participante que aumentara el voltaje de la descarga, dándole una de entre cuatro tipos de órdenes según el nivel de resistencia a administrar la descarga que manifestara el participante:

1.– *Por favor continúe.*

2.– *El experimento requiere que continúe.*

3.– *Es absolutamente esencial que continúe.*

4.– *No tiene alternativa, debe continuar.*

Ante las cada vez más intensas «descargas», la víctima fingía un sufrimiento mayor, rogando que se detuviera el experimento (para hacerlo más creíble, la víctima estaba sujeta con correas a una silla, para que el participante pensara que todo el control sobre la situación dependía de él).

Resultados

De los 40 participantes del experimento, todos obedecieron las órdenes y continuaron administrando las descargas aun cuando el voltaje era superior a 280 voltios (corriente calificada como *muy intensa*).

Entre ese nivel de descarga y el penúltimo (435 voltios, calificado como más que severa, *XXX*) 14 participantes rechazaron las órdenes de que continuaran, y en el último nivel de descarga (450 voltios), los 26 restantes se negaron a seguir las órdenes del experimentador.

Es decir, que el 100% de los participantes continuó obedeciendo las órdenes cuando la descarga ya era calificada como *muy intensa* y la víctima daba claras muestras de sufrimiento. El 65% de ellos llegó hasta el penúltimo nivel, en donde la descarga era considerada peligrosa. A pesar de que en todos ellos se apreciaban cada vez más síntomas de la tensión y el nerviosismo que les producían las órdenes que recibían, tenían tendencia a seguir obedeciéndolas.

Interpretación

Los resultados muestran hasta qué punto existen en los seres humanos unos mecanismos psicológicos que nos hacen tendentes a obedecer a la autoridad.

Estos mecanismos son muy probablemente de carácter social, ya que a lo largo de la educación de una persona, constantemente, de muchas y diferentes formas, se le inculcan las nociones de autoridad y de obediencia, sea desde la familia, la escuela, el trabajo o la vida social.

Los resultados de este experimento fueron tomados como una prueba de que las personas tendemos a seguir las órdenes de quienes consideramos una autoridad legítima, en quien delegamos el poder de tomar decisiones, sobre todo en situaciones confusas o de tensión. Como consecuencia de esta actitud, los seres humanos nos mostramos obedientes hacia las órdenes o instrucciones que recibamos, aunque podamos ser conscientes de que esas órdenes son inmorales o causarán daño a otras personas.

Por supuesto, hay límites, como lo muestra el hecho de que ninguno de los participantes llegó a administrar la descarga máxima. Pero es muy posible que todos ellos llegaran mucho más lejos de lo que pensaban que podían llegar, lo que es la mejor prueba de la predisposición humana a obedecer a la autoridad.

Referencias

Milgram, S. (1963). *Behavioral Study of Obedience.* Journal of Abnormal and Social Psychology. Vol 67, No 4, pp. 371-378. doi: 10.1037/h0040525.

FUENTES DOCUMENTALES

Blass, T. (2007). *Stanleymilgram.com*. Baltimore, MD: Thomas Blass. Consultado en http://www.stanleymilgram.com

Milgram, S. (2004*). Obedience to Authority: An Experimental View*. New York: HarperCollins.

EL EXPERIMENTO DE LA PRISIÓN DE STANFORD: LAS CAUSAS Y LOS EFECTOS DE LA MALDAD

La intención de este ya clásico experimento en psicología era investigar los efectos psicológicos que tiene sobre las personas asumir el papel de preso o guardia en una cárcel.

El estudio se realizó por encargo del Departamento de Investigación de la Armada Norteamericana (Office of Naval Research), que buscaba conocer cuáles eran las causas de los conflictos y motines que se producían en las cárceles militares, y fue realizado en agosto de 1971 por un equipo de investigadores encabezado por Philip Zimbardo, psicólogo y profesor de la Universidad de Stanford.

El experimento pretendía averiguar cómo afectaba a las personas ser un preso o un guardia en una cárcel, y qué cambios en el comportamiento se producían en ambos casos.

El ensayo se diseñó de forma que los participantes pasaran dos semanas en una cárcel, representando o bien el papel de guardias o bien el de prisioneros. Pero los efectos de poner a las personas en esa situación fueron tan rápidos y dramáticos que la investigación se tuvo que cancelar a los seis días de haber empezado. Si en ese tiempo pasó todo lo que pasó, es fácil imaginar que si el experimento hubiera continuado los ocho días restantes las consecuencias podrían haber sido más dramáticas todavía.

Reclutamiento

Agosto de 1971 en la ciudad de Palo Alto, en el estado norteamericano de California. Lo que parecía una tranquila mañana de verano en la ciudad del condado de Santa Clara, acaba desembocando en una redada policial en la que son detenidos 24 hombres, bajo las acusaciones de robo y atraco a mano armada. Curiosamente, todos los detenidos son estudiantes universitarios.

Evidentemente, esto no es casual, porque los 24 «detenidos» son los seleccionados de entre los más de 70 candidatos que se habían presentado voluntarios para participar en el experimento que pasó a la historia como el experimento de la cárcel de Stanford.

De esta manera tan realista y espectacular empezaba el experimento. Sacados de sus casas, los participantes eran detenidos y esposados por verdaderos policías, que les leían sus derechos de la misma forma que habrían hecho con delincuentes reales. Una vez introducidos en coches de policía, uno a uno eran trasladados a la comisaría.

Una vez allí se les identificaba y se les fichaba, llegando incluso a tomárseles las huellas dactilares. Terminado el proceso de arresto, eran encerrados en una celda en espera de su próximo destino.

Es de suponer que muchos de ellos, en ese tiempo de espera, reflexionarían sobre los motivos que les llevaron a responder al anuncio de prensa en el que se pedían voluntarios para un experimento. Puede que incluso entre esas reflexiones estuviera pensar que tal vez los 15 dólares diarios que recibirían como contraprestación a su participación no fuera un dinero tan fácil de ganar como seguramente pensaron cuando leyeron el anuncio. Pero ya habían firmado un consentimiento y la investigación estaba en marcha.

La prisión

Una vez que habían sido fichados, fueron trasladados a la «prisión». De todos los participantes, nueve fueron designados para desempeñar el papel de presos y nueve para representar el papel de guardias. Los seis restantes quedaron en reserva.

La cárcel que les esperaba era en realidad el sótano del edificio en el que se encontraba ubicada la Facultad de Psicología de la Universidad de Stanford (acondicionado para la ocasión siguiendo los consejos de un antiguo preso con más de 16 años de «experiencia»).

Los antiguos laboratorios se transformaron en celdas y el pasillo se convirtió en el patio de la prisión. Unos lavabos terminaban de dar forma a la cárcel, en la que no faltaba tampoco una celda de aislamiento. No había ni ventanas ni relojes, para así provocar desorientación espacial y temporal en los «reclusos». Cámaras y micrófonos fueron colocados estratégicamente para grabar cada detalle del experimento.

Al llegar los participantes que representarían el papel de presos, fueron desnudados y desparasitados. Se habían convertido en reclusos y el verdadero experimento acababa de comenzar.

Con el objeto de humillarles, a los reclusos se les daba un pobre uniforme (un saco con el que cubrirse) en el que figuraba un número de serie por el que serían llamados a partir de ese momento. No se les proporcionaba ropa interior y eran obligados a llevar una cadena en el tobillo. Un gorro servía para simular que les habían rapado la cabeza.

Los participantes encargados de representar el papel de guardias no recibían ni mucho menos un trato semejante. Al contrario, se les daba total libertad. En ningún momento se les dieron instrucciones sobre cómo debían comportarse o qué normas debían asegurarse que siguieran los reclusos. Fueron ellos mismos los que, de forma conjunta, decidieron qué reglas debían imperar en la prisión. Para facilitarles meterse en su papel, recibieron un uniforme, un silbato, una porra y unas gafas de sol.

Los guardias no tardaron mucho en empezar a ejercer su poder. Obligaban a los prisioneros a realizar flexiones como castigo y ya en la primera noche se les despertó de madrugada para realizar recuentos y registros en las celdas. Las consecuencias de este abuso de poder no se hicieron esperar y en la mañana del segundo día estalló un motín. Los presos se rebelaban.

Pasados los primeros momentos de desconcierto, los guardias reaccionaron con violencia. Respondieron a los insultos y a la desobediencia de los presos (estos habían bloqueado las puertas de las celdas usando las camas como barricadas) utilizando extintores para alejarlos de las puertas y entrar en los habitáculos. Y era solo el segundo día de experimento.

Sofocada la revuelta, los guardias aumentaron sus humillaciones a los presos, e incluso decidieron primar el castigo psicológico sobre el físico. Acondicionaron una celda de privilegio, a la que iban los reclusos con buena conducta, dividiendo así a los reclusos en buenos y malos, y comenzaron a obligar a los presos a hacer sus necesidades en cubos, que después no les permitían retirar de las celdas.

En el tercer día se dio en un recluso el primer caso de crisis nerviosa. *«Era una prisión de verdad (…). Me sentía completamente desesperanzado»*, dijo con ocasión de una entrevista posterior el recluso número 8612. Tuvo que ser dispensado de su participación en el experimento y se le permitió irse.

El cuarto día se estableció un estricto régimen de visitas, que solo permitía el contacto con las familias durante diez minutos.

Pero, al parecer, el preso 8612, fuera ya de la prisión por la crisis emocional que había sufrido, no pretendía olvidar el trato que se estaba dando a sus compañeros. Escuchando a algunos reclusos, los guardias se percataron de que circulaba el rumor de que 8612 pretendía asaltar la prisión y liberar a sus compañeros, acabando así con el cruel experimento.

Finalmente todo quedó solo en un rumor y el ex participante no asaltó la prisión, pero este hecho reveló todavía más cómo se podía complicar una situación en tan poco tiempo, y puso al descubierto una posible causa más de los motines en las cárceles.

El experimento continuaba. Los guardias se metían cada vez más en su papel, por lo que las vejaciones aumentaron. Los reclusos también aceptaban cada vez más el rol que les había tocado, y comenzaban a resignarse y a asumir como real su situación. Mientras los guardias se volvían más severos y despóticos, los reclusos se iban transformando en seres obedientes y sumisos.

Uno de los reclusos se declaró en huelga de hambre. Los guardias, sádicamente, dieron al resto de reclusos la oportunidad de ahorrarle el castigo de ser incomunicado en la celda de aislamiento, a cambio de que todos renunciaran a sus mantas. Por mayoría, los compañeros del recluso prefirieron que fuera incomunicado. La deshumanización se extendía a marchas forzadas entre guardias y presos.

A medida que avanzaba el experimento, los presos comenzaron a sufrir despersonalización, crisis nerviosas y otras alteraciones psicológicas. Un grupo de padres, preocupados por lo que sus hijos les habían contado en las visitas y por las informaciones que había hecho circular un sacerdote que había estado visitando la «prisión», solicitaron al profesor Zimbardo la liberación de sus hijos.

Todo parecía haberse vuelto demasiado real: abusos de poder, motines, rumores, castigos y padres solicitando la liberación de sus hijos… Llegado ese punto, Zimbardo decidió poner fin a la investigación. El 20 de agosto de 1971, solo seis días después de haber comenzado el experimento, todos los participantes fueron «liberados» y pudieron abandonar la prisión en donde habían pasado unos días que no olvidarían durante el resto de sus vidas.

Conclusiones

Este estudio muestra con qué facilidad se crean conflictos entre las personas cuando existen determinadas relaciones de poder entre ellas.

Demasiado fácilmente los que ejercen el poder en ese tipo de situaciones, si no son controlados, tienden a establecer medidas abusivas que buscan reprimir y anular la personalidad de los reprimidos.

Entre los que sufren los abusos se crea una enorme frustración y sentimientos de odio y venganza, hasta el punto de que, unos meses después de haber concluido el experimento, uno de los reclusos reconocía en una entrevista que *«solo pienso en matar a aquellos que me han pegado y tratado como a un perro»*.

Todas estas actitudes, comportamientos y sentimientos no hacen sino añadirse a una peligrosa mezcla que puede acabar desembocando en todo tipo de situaciones en una prisión, desde quejas a protestas, huelgas de hambre o agresiones, hasta llegar al estallido de rebeliones y violentos motines.

En una interpretación más amplia, el experimento de la cárcel de Stanford debe servir para reflexionar sobre la naturaleza humana, y sobre cuáles son los mecanismos, individuales y colectivos, que debemos establecer para evitar que las tendencias e instintos más básicos controlen nuestro comportamiento, haciéndonos sobrepasar límites éticos y valores personales.

No olvidemos que todos los participantes, justo antes de comenzar el experimento, eran personas jóvenes, estudiantes universitarios de clase media, que habían pasado unas pruebas de aptitud que los definían como sanos e inteligentes. Bastaron unas pocas horas en una situación como la diseñada para el experimento, para que comenzaran a salir a la luz comportamientos y actitudes que resultan, como mínimo, sorprendentes, entristecedores y desconcertantes.

Curiosidades

Hasta tal punto fueron sorprendentes los efectos del experimento, que el propio profesor Zimbardo reconoció que en varios momentos de esos seis días llegó a pensar más como un dirigente de una prisión, inmiscuyéndose y preocupándose por que se mantuviera el *statu quo*, que como un investigador.

Los seis días en la prisión de Stanford fueron ampliamente documentados, por lo que en la página web que el profesor Zimbardo dedicó al experimento se tiene acceso a multitud de impactantes imágenes y videos del estudio, incluyendo entrevistas a los participantes (los lectores interesados en conocer más detalles de la investigación de la mano del propio profesor Zimbardo encontrarán al final de esta descripción la referencia para la página web dedicada al experimento).

En 2001 se estrenó la película alemana *Das experiment*, del director Oliver Hirschbiege, inspirada en el libro *Black Box*, del autor Mario Giordano, que a su vez estaba basado en el experimento de la prisión de Stanford.

Referencias

Zimbardo, P. G. (1999-2014). *Stanford Prison Experiment*. San Francisco, CA: Philip G. Zimbardo. Consultado en http://www.prisonexp.org

FUENTES DOCUMENTALES

Conrad, M., Evenkamp, P., Herrmann, B., Leibfried, U., Preuss, N. & Wildfeuer, F. (productores) & Hirschbiegel, O. (director) (2001). *Das experiment (El experimento).* [Cinta cinematográfica]. Alemania: Typhoon (as Typhoon Film), Fanes Film, Senator Film Produktion (with), Seven Pictures (in co-production with) (as SevenPictures).

Giordano, M. (2001*). Das experiment- Black Box.* Reinbek: Rowohlt.

Zimbardo, P. G. (2008). *El efecto Lucifer. El porqué de la maldad.* Barcelona: Paidós Ibérica.

EL EXPERIMENTO DEL PERRO DE PAVLOV: EL PODER DEL CONDICIONAMIENTO

Este experimento es, probablemente, el más famoso de cuantos se han hecho en psicología, aunque no es, ni mucho menos, el más sorprendente, el más impactante, el más espectacular o el más entretenido. Para mí, lo realmente importante son las implicaciones que se pueden deducir de la generalización de sus conclusiones.

Pero a pesar de ser, posiblemente, el experimento psicológico más famoso, paradójicamente no fue realizado por un psicólogo, sino por un médico.

Pavlov

Ivan Petrovich Pavlov (1849-1936) fue un fisiólogo ruso, profesor de fisiología en la Academia Médica Imperial y director del Departamento de Fisiología del Instituto de Medicina Experimental de San Petersburgo. Enfocó su labor profesional en la investigación del funcionamiento del aparato digestivo, estudios que le llevarían a ser galardonado en 1904 con el Premio Nobel en Fisiología o Medicina.

Y fue para entender cómo funcionaba el aparato digestivo que a finales del siglo XIX (1890-1900), diseñó y llevó a la práctica un sencillo experimento que le permitió descubrir lo que se hizo mundialmente famoso bajo el nombre de *condicionamiento clásico*.

El experimento

El profesor Pavlov pretendía averiguar cuál era la causa de la respuesta de salivación del organismo ante la presencia de comida. Para ello, ideó un simple y eficaz experimento en el que utilizaba como sujeto experimental a un perro.

El experimento era muy sencillo. Básicamente consistía en cuatro fases:

En la primera fase, se presentaba comida a un perro, para confirmar y comprobar cómo el perro salivaba ante la presencia del alimento.

En la segunda fase, se realizaba la presentación de un sonido al perro (una campana o timbre) y se confirmaba que el animal no tenía ninguna reacción de salivación ante ese estímulo.

En la tercera fase, se hacían una serie de presentaciones en las que antes de mostrar la comida al perro se le hacía escuchar el sonido de la fase dos.

En la cuarta y última fase al perro solo se le hacía oír el sonido.

Cuando se llegaba a la última fase, en la que solamente se presentaba el sonido, Pavlov comprobó que el animal reaccionaba salivando. Esto ocurría porque el perro había terminado por asociar el sonido con la presentación de comida. Aprendía que el sonido precedía a la comida, y ese aprendizaje era tan fuerte que el organismo reaccionaba con la misma respuesta que daría si la comida estuviese presente: salivaba. La respuesta fisiológica (salivación) tenía entonces un origen psicológico.

Los resultados demostraban que la asociación de un estímulo que provocaba una respuesta en un organismo con un estímulo neutro, podía terminar por conseguir que este último provocara la misma respuesta que el primero. En el experimento, el animal aprendía que el sonido era la condición para que apareciera la comida. De esta manera, el sonido pasaba a convertirse en lo que Pavlov denominó un *estímulo condicionado*.

Mediante este experimento Pavlov demostró la existencia de respuestas fisiológicas condicionadas, es decir, que mediante la experiencia el organismo puede aprender a desarrollar respuestas reflejas a estímulos que por sí solos no desencadenarían ninguna reacción.

Consecuencias

El motivo por el considero este experimento como uno de los más sorprendentes en psicología es por las implicaciones que tiene en nuestra vida diaria.

Imagine el lector la importancia que lograr asociaciones condicionadas puede tener para influir en las personas. Prácticamente toda la publicidad se basa, en cierta manera, en lograr conseguir asociaciones entre un estímulo que en principio nos resulta neutro (un coche, un detergente, una bebida) con otro que provoca en nosotros una reacción refleja, de forma que acabemos asociando ambos y seamos así condicionados.

Esto explicaría porque se asocian los coches con bellas modelos, los perfumes con los conceptos de elegancia o aceptación social o los políticos con imágenes positivas (la imagen de un político besando a un niño). Y no solo en el sentido positivo: conseguir condicionar a las personas para que asocien el miedo, la incertidumbre o la inseguridad con algo o alguien sin duda puede ayudar, y mucho, a influir en la visión de la realidad de las personas.

A nivel individual, no es difícil deducir que el condicionamiento se esconde detrás de recuerdos, sensaciones, sentimientos e incluso de trastornos psicológicos como las fobias (alteraciones mentales en las que una persona acaba desarrollando un miedo patológico ante un determinado tipo de estímulos, debido a algún suceso traumático que le ocurrió en el pasado).

No crea que está usted libre de este proceso solo porque sea consciente de él. El condicionamiento se produce de forma automática, a base de repeticiones, no es un proceso consciente o sobre el que la voluntad tenga influencia. Provoca que asociemos a un estímulo que antes nos resultaba neutro unas respuestas fisiológicas reflejas, que no podemos evitar tener, por lo que una vez lograda la asociación, no es nada fácil impedir que el proceso de respuesta condicionada se produzca.

El condicionamiento es tan poderoso que se ha comprobado que se da incluso en organismos tan simples como las amebas, organismos compuestos de una sola célula.

Han pasado muchos años desde que, siendo un estudiante universitario, asistí a la clase de Psicología del Aprendizaje en la que un profesor nos explicó el condicionamiento clásico. Recuerdo el impacto personal que me produjo la explicación en el mismo momento en que la escuchaba, y cómo ese día, más tarde, al repasar los apuntes que había tomado, me hacía consciente de hasta qué punto mis reacciones, mi forma de ver la vida y mi propia voluntad podían ser condicionados si se utilizaban los mecanismos adecuados.

Mucho tiempo ha pasado desde entonces, pero aún me resulta fácil evocar la sensación que despertó en mí conocer el experimento del perro de Pavlov.

Curiosidades

Aunque siempre se habla del «perro de Pavlov», en realidad fueron varios los animales que utilizó en el curso de sus investigaciones, pero la historia los reconoce a todos en uno, el famoso perro de Pavlov. En la casa-museo en honor del fisiólogo que hay en su ciudad natal, Ryazan, todavía se puede admirar, disecado, a uno de los ejemplares caninos que utilizó en sus experimentos.

Cuando la psicología comenzó a desarrollarse en Estados Unidos, en las primeras décadas del siglo XX, se elaboró una corriente teórica llamada *conductismo*, de gran importancia en la psicología y que determinó gran parte del posterior desarrollo teórico y práctico de esta ciencia.

El conductismo tenía entre sus bases fundamentales el condicionamiento clásico descubierto por Pavlov y sobre él se construyeron y desarrollaron multitud de explicaciones teóricas e intervenciones prácticas para lograr influir en el comportamiento de las personas, hasta el punto de que algunos conductistas pensaban que, con la intervención adecuada, podían modificar a voluntad casi cualquier aspecto de la psicología y conducta humanas.

Referencias

Pavlov, I. P. (1927). *Conditioned Reflexes: An Investigation of the Physiological Activity of the Cerebral Cortex.* London: Oxford University Press. Consultado en http://psychclassics.yorku.ca/Pavlov

FUENTES DOCUMENTALES

Alcaraz García, M. A., Redondo Lago, J. M., Fraga Carou, I. y Fernández-Rey, J. (2003). *Procesos psicológicos básicos I.* Madrid: Ediciones Pirámide.

Nobelprize.org. (2013). *Nobelprize.org. The Official Web Site of the Nobel Prize.* Estocolmo, Suecia: Nobel Media AB. Consultado en http://www.nobelprize.org/nobel_prizes/medicine/ laureates/1904

Pavlov, I. P. (2010). *Conditioned Reflexes: An Investigation of the Physiological Activity of the Cerebral Cortex.* Annals of Neurosciences, Vol 17, No 3. doi: 10.5214/ans.0972-7531.1017309

EL EXPERIMENTO DEL PEQUEÑO ALBERT: «DADME A UN NIÑO SANO Y LO CONVERTIRÉ EN LO QUE QUIERA»

El experimento del pequeño Albert (Little Albert Experiment) fue llevado a cabo por el famoso psicólogo John B. Watson y una de sus estudiantes, Rosalie Rayner, en la Universidad Johns Hopkins. Los resultados fueron publicados en 1920 en la revista Journal of Experimental Psychology.

El autor

John Broadus Watson (1878-1958) fue el principal fundador de la corriente conocida como conductismo, uno de los enfoques más importantes dentro de la psicología moderna.

Uno de los fundamentos teóricos del conductismo es el condicionamiento clásico, descubierto por Ivan Petrovich Pavlov, fisiólogo ruso, en 1890-1900. Este principio revelaba que un estímulo A podía, por medio de los mecanismos adecuados, asociarse a un estímulo B, de manera que A, por sí solo, acabara provocando la misma reacción que B (ver capítulo *El experimento del perro de Pavlov*).

En el experimento en el que se descubrió este principio, Pavlov lograba que un perro salivara ante la sola presencia de un sonido, porque previamente se había conseguido que el animal asociara ese sonido con la presentación de comida.

John B. Watson fue más allá. Ferviente convencido del casi ilimitado poder del condicionamiento clásico, rechazaba el peso de la genética sobre el comportamiento humano. Para él era exclusivamente el ambiente el que determinaba la manera de reaccionar de animales y humanos. Hasta tal punto estaba convencido de esto, que afirmaba que si se le encargaba la educación de un niño elegido al azar, con tal de que cumpliera unos mínimos requisitos de salud, sería capaz de convertirlo en el tipo de adulto que él decidiera, valiéndose para ello de los principios de modificación del comportamiento del conductismo, entre ellos el condicionamiento clásico.

Y algo muy parecido a lo que afirmó es lo que decidió hacer, con la ayuda de Rosalie Rayner, sobre el pequeño Albert.

El pequeño Albert y el experimento

Albert B. era un niño de unos nueve meses de edad, hijo de un empleado de la Universidad Johns Hopkins, en donde Watson y Rayner iban a realizar el experimento, y una niñera de un hospital.

El objetivo de la investigación era conseguir condicionar a Albert, un niño emocionalmente sano, de manera que acabara por desarrollar miedo a un animal (un ratón blanco) ante el que previamente se había comprobado que no sentía ningún temor.

El experimento era muy sencillo. Primero, como acabo de señalar, se confirmaba que Albert no sentía ningún miedo ante la presencia de un ratón blanco, o animales u objetos con características parecidas. Para ello, se exponía al niño a la presencia de un ratón blanco, un conejo, un perro, un mono, una máscara con plumas, prendas de lana o periódicos, y se observaba que no manifestaba ninguna reacción negativa ante ninguno de esos estímulos.

Una vez confirmada la ausencia de temor ante animales y objetos, se hacía escuchar a Albert un sonido muy fuerte (el golpe de un martillo sobre una lámina de hierro, a modo de gong) para comprobar si el ruido atemorizaba al niño. Efectivamente, así era. Albert se asustaba y rompía a llorar al escuchar el estruendoso sonido que producía el golpe del martillo sobre la lámina metálica.

Delimitados los efectos que producían por separado los dos estímulos, el ratón y el sonido, se pasaba a la siguiente fase. Comenzaba entonces una serie de presentaciones en las que a la vez que se le mostraba a Albert el ratón blanco se golpeaba la lámina con el martillo, provocando que el niño se asustara.

Terminada esta serie de presentaciones destinadas a que asociara ratón y ruido, se le presentaba a Albert solo el ratón. En ese momento, Watson y Rayner comprobaron que el experimento había tenido éxito, ya que el niño se echaba a llorar ante la mera presencia del roedor.

Se había conseguido condicionar al pequeño Albert, y lo que para él antes de comenzar el experimento era un estímulo (el ratón) que no le provocaba ninguna reacción negativa, terminó por volverse un estímulo condicionado que le producía miedo y llanto.

El condicionamiento logrado era de tal intensidad que Albert lo generalizó, mostrando la misma reacción condicionada ante los estímulos que se le habían enseñado antes de comenzar el condicionamiento, y que compartían elementos comunes con los ratones de pelo blanco, como un conejo, un perro, un mono o un abrigo.

Fin del experimento

No se conoce muy bien el motivo, pero Albert fue retirado del estudio antes de que se le pudiese descondicionar.

Se cree que la madre, asustada y preocupada por los efectos que el experimento produjo sobre su hijo, decidió llevárselo. Si fue así, la bienintencionada señora sin duda desconocía el poder del condicionamiento clásico.

Sea cual sea el motivo, lo cierto es que si Watson y Rayner tenían pensado descondicionar a Albert, no pudieron hacerlo.

La identidad del pequeño Albert constituye a día de hoy un misterio. A lo largo de los años algunos investigadores han tratado de averiguar cuál era su nombre completo y qué fue de su vida, para saber hasta qué punto el condicionamiento del que fue objeto continuó presente a medida que se hacía adulto. Pero a pesar de que alguno de ellos ha creído haber localizado evidencias de la vida del niño (en algún caso se llegó a afirmar que se había convertido en un adulto con fobia por personas, animales u objetos con pelo blanco), la realidad es que ninguno de esos hallazgos ha sido dado como válido, por lo que no se ha conseguido saber, hasta ahora, si Albert logró superar el condicionamiento o si tuvo que convivir con él durante toda su vida.

Consecuencias

Actualmente, nadie discute la falta de ética del experimento de Watson. Sin embargo, en la época en que se realizó, para muchos fue la demostración de que la conducta se aprende y de que por lo tanto, con los medios adecuados, se puede enseñar el comportamiento «apropiado» a cualquier persona.

Este principio tendría muchas consecuencias en los posteriores tratamientos psicológicos que se diseñaron para múltiples trastornos mentales, como por ejemplo las fobias (miedos irracionales ante determinadas situaciones). Fuera del campo de los desórdenes mentales también tuvo gran importancia en campos tan variados como el entrenamiento para militares o el desarrollo de acciones y programas educativos.

Referencias

Watson, J.B. & Rayner, R. (1920). *Conditioned emotional reactions.* Journal of Experimental Psychology, Vol 3, No 1, pp. 1–14. doi: 10.1037/h0069608

FUENTES DOCUMENTALES

Bartlett, T. (2014, 2 de junio). *The Search for Psychology's Lost Boy: In 2009 the decades-old mystery of 'Little Albert' was finally solved. Or was it?* The Chronicle of Higher Education. Consultado en http://chronicle.com/article/The-Search-for-Psychologys/146747

Beck, H. P., Levinson, S., & Irons, G. (2009). *Finding Little Albert: A journey to John B. Watson's infant laboratory.* American Psychologist, Vol 64, No 7, pp. 605–614. doi: 10.1037/a0017234

Cherry, K. (2014). *The Little Albert Experiment. A Closer Look at the Famous Case of Little Albert.* Chicago, IL: About.com. Consultado en http://psychology.about.com/od/classicpsychologystudies/a/little-albert-experiment.htm

Fridlund, A. J., Beck, H. P., Goldie, W. D., & Irons, G. (2012). *Little Albert: A neurologically impaired child.* History of Psychology. doi: 10.1037/a0026720

Watson, J. B. & Rayner, R. (2000). *Conditioned emotional reactions.* American Psychologist, Vol 55(3), pp. 313-317. doi: 10.1037/0003-066X.55.3.313

Watson, J. B., & Morgan, J. J. B. (1917). *Emotional Reactions and Psychological Experimentation.* American Journal of Psychology, Vol 28, pp. 163-174. doi: 10.2307/1413718

EL EXPERIMENTO DE ASCH: EL PODER DEL GRUPO

Si bien la serie de pruebas que el psicólogo Solomon Asch llevó a cabo en 1951 no presenta los dilemas éticos de algunas de las investigaciones que hemos visto hasta ahora, tal vez sea uno de los experimentos que más temor despierta en quien les escribe, por las conclusiones que se deducen de sus resultados.

El autor

Solomon Asch (1907-1996) fue un psicólogo estadounidense de origen polaco, que trabajó como profesor en el departamento de Psicología del Swarthmore College, en el estado de Pennsylvania (EE.UU.).

El experimento, perteneciente al campo de la psicología social, buscaba conocer el grado de influencia que la opinión grupal tiene sobre la opinión individual, es decir, averiguar hasta qué punto una persona es capaz de mantener su criterio cuando todas las personas que le rodean expresan una opinión distinta a la suya.

Para averiguarlo, el profesor Asch ideó un inteligente experimento que, simplificando, se basaba en líneas pintadas en cartulinas, estudiantes y colaboradores cómplices. Descubrió lo que veremos a continuación.

El experimento

Los participantes en el experimento eran estudiantes. Fueron reclutados, de forma voluntaria, diciéndoles que participarían en una prueba de percepción, lo que no era cierto, pero el engaño era necesario para asegurar la validez de sus opiniones.

Cada participante era llevado a un aula junto con varios estudiantes más. A excepción del participante (el sujeto experimental) el resto de los estudiantes allí presentes eran cómplices del experimento, por lo que sus respuestas estaban preparadas de antemano. El sujeto experimental, por supuesto, ignoraba por completo este «engaño».

Una vez en el aula, comenzaba una presentación en la que el experimentador iba mostrando una serie de cartulinas. En cada una de ellas había dibujada, en la parte izquierda, una línea recta vertical, y en la parte derecha, varias líneas rectas verticales de distintos tamaños.

Ejemplo de cartulina del experimento de Asch.

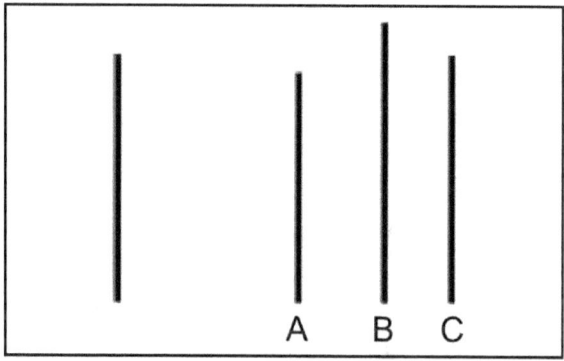

A continuación pedía a cada uno los presentes que dijeran cuál, de entre las líneas de la parte derecha, era del mismo tamaño que la que aparecía en la parte izquierda. Debían escoger una opción de entre tres posibles.

En total se realizaban un total de 18 presentaciones como la que acabamos de ver. En las primeras los cómplices daban la respuesta correcta, con el propósito de que el sujeto experimental se sintiera cómodo y expresara su criterio con independencia. Pero a partir de la tercera presentación, los cómplices comenzaban a dar, con frecuencia, la respuesta equivocada, muchas veces de forma unánime, para así ejercer «presión psicológica» sobre el sujeto experimental, cuyo turno de contestar estaba entre los últimos. De las 18 presentaciones realizadas, los cómplices contestaban intencionadamente la respuesta errónea en 12 de ellas.

Grupo control

Existía un grupo control, en donde no había cómplices y todos los participantes eran sujetos experimentales. El objetivo de ese grupo control era saber cuál era el porcentaje normal de error en las 18 presentaciones.

De los resultados obtenidos con este grupo, se observó que el margen de error era en torno al 1%. Resultado muy distinto al que se obtenía cuando se observaban las respuestas del grupo experimental, en el que los cómplices, con sus respuestas equivocadas, ejercían presión psicológica sobre los participantes.

Resultados

Asch y su equipo descubrieron que aunque en un principio, al darse cuenta de que los demás estaban dando la respuesta equivocada, los sujetos experimentales se mostraban confundidos, rápidamente amoldaban su respuesta a la del grupo y decidían dar ellos también la misma respuesta, aun siendo conscientes de que no era la correcta.

Así, casi el 75% de los sujetos experimentales daban la misma respuesta que el resto del grupo en los casos en los que esta era incorrecta.

Los experimentadores hicieron pruebas variando el número de cómplices que respondía erróneamente, y comprobaron que a medida que el número de personas que daba la respuesta equivocada aumentaba, se incrementaba también la probabilidad de que el sujeto experimental adaptara su respuesta a la del resto de sus compañeros. A más personas dando una opinión, más probabilidades hay de que otras personas, que se encuentren en minoría, la acepten aunque no estén de acuerdo con ella.

Conclusiones

Los resultados de este experimento demuestran que los seres humanos tendemos a someter nuestro criterio a la opinión grupal. Aunque sepamos que la opinión del grupo es incorrecta, cedemos y la aceptamos, tal vez por miedo a ser excluidos o a que nuestra diferencia de criterio nos cause problemas o confrontaciones.

Entonces, si el número suficiente de personas decide mantener un criterio equivocado, sea en el tema que sea, un gran porcentaje de personas tenderá a aceptarlo y compartirlo, y a comportarse de acuerdo a ese criterio aun cuando en su fuero interno sepan que está equivocado.

No es difícil imaginar las consecuencias e implicaciones que esta característica de la psicología humana puede tener en los ámbitos en los que nos relacionamos diariamente, como en grupos de amigos o en el trabajo, o, adoptando un punto de vista más amplio, a nivel social.

Cambiando la perspectiva, el experimento de Asch también nos demuestra el valor y la independencia que tiene cualquier persona que decide no ceder ante la presión psicológica del grupo, y se expresa y se comporta de acuerdo a su propio criterio, aunque ello le pueda suponer exclusión o marginación. Una persona que, en circunstancias similares a las del experimento, es capaz de mantener su opinión, libra y gana una batalla contra impulsos internos y mecanismos psicológicos contra los que otros no son capaces de resistirse.

Referencias

Asch, S. (1956). *Studies of independence and conformity: A minority of one against a unanimous majority.* Psychological Monographs, Vol 70, No 9, pp. 1–70. doi: 10.1037/h0093718

FUENTES DOCUMENTALES

Cherry, K. (2014). *The Asch Conformity Experiments*. Chicago, IL: About.com. Consultado en http://psychology.about.com/od/classicpsychologystudies/p/conformity.htm

Swarthmore College (2014). *Swarthmore College*. Swarthmore, PA: Swarthmore College. Consultado en http://www.swarthmore.edu/psychology/solomon-asch-award

EL EXPERIMENTO DE ROSENHAN: ¿ESTAMOS TODOS LOCOS?

El experimento de Rosenhan constituye, hasta la fecha de hoy, una de las mayores críticas que se han hecho a las instituciones dedicadas a la atención de personas que sufren trastornos mentales.

Básicamente, Rosenhan demostró con su investigación que en una institución psiquiátrica no saben distinguir a los «locos» de los «cuerdos». Algo que puede incluso resultar gracioso en una primera lectura, pero que, pensándolo detenidamente, es extremadamente preocupante. Y ni qué decir tiene qué reflexiones despertará en cualquiera que, en alguna ocasión, sea por experiencia propia o por la de personas cercanas, se haya visto dentro de un hospital psiquiátrico.

El autor

David L. Rosenhan (1929-2012) fue un psicólogo estadounidense, doctorado en Psicología por la Universidad de Columbia, que ejerció como profesor en la Universidad de Stanford.

Rosenhan fue un pionero en la aplicación de las técnicas de evaluación psicológica para la selección de jurados. Autor de numerosos libros y artículos de investigación, fue popularmente conocido por este experimento, publicado en 1973 en la revista Science bajo el título *On Being Sane in Insane Places* (*Sobre estar cuerdo en lugares dementes*).

El experimento

El experimento del profesor Rosenhan se realizó a finales de los años sesenta. Consistía en que ocho personas (llamadas *«pseudopacientes»*), mentalmente sanas, fingirían sufrir un trastorno psicológico con el propósito de conseguir ser aceptadas como pacientes en hospitales psiquiátricos. Una vez dentro, debían hacer ver al personal del centro que estaban sanas y lograr que se les diera el alta médica.

El estudio contó con la colaboración de ocho pseudopacientes (tres mujeres y cinco hombres) que, tras fingir padecer alucinaciones auditivas (decían que oían voces), consiguieron ser admitidos en varios hospitales psiquiátricos norteamericanos.

Una vez que habían sido ingresados, los pseudopacientes dejaban de fingir, se comportaban con normalidad y decían que habían dejado de padecer las alucinaciones, pero aun así eran obligados a reconocer que estaban enfermos e incluso a aceptar recibir tratamiento.

Tras casi un mes de media de estancia (entre 7 y 52 días) en los distintos hospitales en los que habían sido aceptados, finalmente todos los pseudopacientes fueron dados de alta, diciéndose en el informe de los médicos que los supervisaron durante su estancia en los centros que el trastorno psiquiátrico se encontraba *«en remisión»*. Ninguno de los participantes fue descubierto, y lo que es más preocupante, ninguno fue calificado en los informes como *«mentalmente sano»*.

Una segunda parte del experimento: el desafío

Una vez que los resultados del experimento se hicieron públicos, viendo que evidenciaban las carencias que existían en la manera de diagnosticar a los enfermos mentales, un hospital retó a Rosenhan a que le enviara pseudopacientes sin advertirle de cuándo lo haría, con la seguridad de que los colaboradores del profesor serían rápidamente desenmascarados por los profesionales de la institución.

El desafío fue aceptado. De los casi 200 nuevos pacientes que recibió el hospital en las semanas posteriores a que Rosenhan hubiera aceptado el reto, 41 fueron calificados como pseudopacientes, es decir, personas sanas que fingían sufrir un trastorno mental.

Pero Rosenhan había vuelto a demostrar la ineficacia de los diagnósticos de los hospitales psiquiátricos de la época. En realidad, el profesor, astutamente, había decidido no enviar a ninguno de sus colaboradores, con lo que todos los diagnosticados como sanos tenían, probablemente, verdaderos problemas mentales.

Estos resultados ponían todavía más de relieve que el experimento original la frecuencia con la que se emitían diagnósticos equivocados.

Conclusiones

El estudio demuestra que la aplicación práctica de cualquier teoría o método siempre conlleva una desviación, en muchos casos debida al factor humano.

Aunque, teóricamente, la enfermedad mental pueda estar muy bien definida y categorizada, y se hayan diseñado instrumentos considerados como válidos para su diagnóstico, la realidad demuestra que en la práctica no siempre es fácil distinguirla con exactitud, y que se cometen errores, debidos, tal vez, a fallos en las categorías establecidas, en los instrumentos utilizados para diagnosticar o a errores humanos, que en muchas ocasiones, se dejan llevar por la inercia de la institución en la que trabajan y tienden a considerar de una forma sesgada los resultados de las pruebas diagnósticas.

Este experimento pone en duda, una vez más, el papel y la importancia de las instituciones psiquiátricas, y, profundizando un poco más, de las mismas categorías diagnósticas, por medio de las que se etiqueta a las personas como «cuerdas» o «enfermas», marcándolas socialmente. Algo que, vistos los resultados de la investigación del profesor Rosenhan, no deja de ser una imposición artificial humana que a menudo obedece a motivos distintos a los que existían cuando se tuvo la intención original de clasificar la enfermedad mental.

Tal vez, antes de apresurarse a colgarle una etiqueta a una persona, todos, profesionales de la salud mental y público en general, deberíamos reflexionar sobre lo que las alteraciones y trastornos mentales son en realidad. No son más que desviaciones respecto a lo frecuente, y no deben convertirse en estigmas que califiquen a las personas como «enfermas», con la carga personal y social que eso conlleva. Si bien es necesario decir que esta reflexión no excluye que esas desviaciones puedan requerir, por el sufrimiento que producen a las personas y a su entorno, un tratamiento adecuado.

Curiosidades

El propio Rosenhan fue uno de los pseudopacientes. El resto de los colaboradores era un estudiante de psicología recién graduado, tres psicólogos, un pediatra, un psiquiatra, un pintor y un ama de casa.

Los diagnósticos más frecuentes que recibieron por su «interpretación» fueron esquizofrenia y trastorno maníaco-depresivo.

Los verdaderos pacientes de los hospitales psiquiátricos eran los que sospechaban de los pseudopacientes, recelando de su supuesta enfermedad mental antes que los propios profesionales del centro (puede que esto fuera debido a que los pseudopacientes tomaban notas continuamente, lo que llevaba a los verdaderos pacientes a pensar que se trataban de «*periodistas*» o «*profesores*»).

Para ser dados de alta, los pseudopacientes tuvieron que aceptar un diagnóstico de enfermedad y consentir en recibir medicación.

El experimento fue importante no solo por poner en evidencia la forma en que se diagnosticaba en esa época la enfermedad mental, sino porque sirvió también para llamar la atención sobre las condiciones poco humanas en que eran tratadas las personas ingresadas en hospitales psiquiátricos.

Una última reflexión

Haciendo una lectura libre de los resultados obtenidos en el experimento, podría uno pensar que la distinción entre «cuerdo» y lo que comúnmente se llama «loco» no es tan sólida como le puede parecer a quien no se haya parado nunca a hacer una reflexión seria sobre ella.

Y si se llega a la conclusión de que la clasificación diagnóstica de la enfermad mental no es fiable, ¿significa eso que en realidad no hay cuerdos y locos? Tal vez estamos todos cuerdos, o, tomándome la licencia de ser tendencioso… ¿no será que, en cierto sentido, todos estamos un poco locos?

Yo tengo mi opinión al respecto. ¿Cuál es la suya?

Referencias

Rosenhan, D. L. (1973). *On Being Sane in Insane Places*. Science, Vol 179, No 4070, pp. 250-258, doi: 10.1126/science.179.4070.250

FUENTES DOCUMENTALES

Romero, J. (2012, 11 de junio). *David L. Rosenhan, Professor of Law and Psychology, Emeritus.* Stanford, CA: The Board of Trustees of Leland Stanford Junior University. Consultado en http://stanfordlawyer.law.stanford.edu/2012/06/david-l-rosenhan-%E2%80%A8professor-of-law-%E2%80%A8and-psychology-emeritus

EL EXPERIMENTO DE INDEFENSIÓN APRENDIDA: CUANDO YA NO SE PUEDE MÁS

La conducta de *indefensión aprendida* (en inglés, *learned helplessness*) fue descubierta por los psicólogos Martin Seligman y Steven F. Maier en un experimento que investigaba de qué manera el miedo influye en el aprendizaje de una conducta de huida o evitación.

Este descubrimiento les llevó a acuñar el término y a desarrollar la teoría de la indefensión aprendida.

Los autores

Martin E. P. Seligman (New York, 1942) es un psicólogo norteamericano, profesor en la Universidad de Pennsylvania. Es conocido, fundamentalmente, por su contribución a la creación de la corriente llamada «psicología positiva» y por el descubrimiento de la conducta de indefensión aprendida.

La psicología positiva trata de aplicar la investigación y la metodología científica a asuntos humanos que hasta ahora no han sido objeto de un estudio riguroso, como pueden ser la felicidad, el bienestar, el amor, las inquietudes artísticas o incluso cuestiones vitales como el sentido de la vida.

Steven F. Maier (New York, 1943) es profesor de Psicología en la Universidad de Colorado y Director del Centro para la Neurociencia. Ha desarrollado su labor investigadora en dos áreas principales: por un lado, en averiguar cómo interactúan el cerebro y el sistema inmunológico, y por otro lado, se ha dedicado a estudiar de qué manera afecta el estrés a la química cerebral. Es en esta segunda línea de investigación en la que se puede enmarcar el experimento que le llevó a descubrir, junto con el profesor Seligman, la conducta de indefensión aprendida.

El experimento

En 1967 Seligman y Maier publicaron en la revista Journal of Experimental Psychology los resultados de las investigaciones que habían venido realizando y que habían desembocado en el descubrimiento de la conducta de indefensión aprendida (Seligman y Maier, 1967).

Para su experimento, los psicólogos utilizaron 24 perros, distribuidos en tres grupos de 8 animales cada uno. Todos fueron sujetados con correas, de manera que no pudieran escapar, aunque tenían la posibilidad de realizar ciertos movimientos.

El primer grupo fue destinado a ser el grupo de control, por lo que los animales que lo formaban no fueron sometidos a ninguna prueba. Sencillamente se les mantenía atados o encerrados un tiempo, para ser soltados después.

A los perros que formaban el segundo grupo se les administraban una serie de descargas eléctricas (según los experimentadores eran *«dolorosas pero no dañinas»*). Los animales no podían escapar debido a que estaban atados, pero si presionaban un panel con su cabeza, las descargas cesaban, con lo que los perros «aprendían» que tenían control sobre el dolor que recibían.

Finalmente, los perros del tercer grupo también eran sometidos a las descargas, pero en este caso junto a uno de los perros que había formado parte del segundo grupo, y que «sabía» como detenerlas. Pero las descargas solo cesaban cuando el perro del segundo grupo presionaba el panel. Si lo hacía el perro que pertenecía al tercer grupo, las corrientes eléctricas no paraban. Hiciera lo que hiciera ese animal, aunque fuera lo mismo que veía que a su compañero le daba resultado, no tenía ningún control sobre el castigo que recibía.

Después de varias horas siguiendo este procedimiento, se pasaba a la segunda parte del experimento.

Segunda parte

En la segunda parte de la prueba, se introducía a los perros, uno a uno, en una jaula. La jaula tenía unas luces en los lados. Cuando estas luces se apagaban, transcurridos diez segundos una corriente eléctrica recorría el suelo de la jaula. Los diez segundos que iban desde que la luz se apagaba hasta que se administraba la descarga eran el tiempo que se les daba a los perros para escapar de la jaula (se dejaba la puerta abierta).

Los perros del segundo grupo (los que en la primera parte del experimento habían aprendido a detener las descargas presionando un panel) rápidamente se daban cuenta de la relación que había entre que se apagara la luz y comenzara la descarga. A los pocos ensayos, todos aprendían que escapando de la jaula podían evitar la electricidad.

Pero los perros del tercer grupo, que en la primera parte del experimento habían continuado recibiendo descargas eléctricas, mostraban mucha menos capacidad de aprendizaje. Casi el 80% no escapaba de la jaula para evitar las descargas después de que las luces se apagaran, y los pocos que aprendían que había una forma de escapar tardaban casi el doble de tiempo en aprenderlo que los perros del segundo grupo.

Conclusiones

Los resultados muestran que los seres vivos (otros experimentos han permitido generalizar estas conclusiones a seres humanos) cuando perciben que sus intentos por solucionar un problema no dan resultado, acaban por caer en un estado psicológico de indefensión aprendida, en el que se abandonan a la situación y no hacen esfuerzos por resolverla.

Este estado de indefensión es una característica psicológica que define a animales y personas. Puede que unos aguanten más que otros una situación y realicen más intentos por resolverla, pero, llegado el caso, todos tenemos un punto de rotura, en el que asimilamos que hagamos lo que hagamos no lograremos cambiar la situación, y nos resignamos a aceptarla. Llegado ese momento, aunque la solución se nos presente claramente, seremos incapaces de aceptarla y preferiremos seguir sumidos en el estado de indefensión aprendida.

Indefensión aprendida y depresión

El estado de indefensión aprendida suele ir asociado con la depresión. Por este motivo, la mayoría de la gente, a pesar sus buenas intenciones respecto a quien está deprimido (*«anímate»*, *«tienes que hacer algo que te motive»*, *«échale ganas»*, *«verás como cuando pase el tiempo te encuentras mejor»*), no entiende que cuando una persona está afectada por depresión se encuentra en un estado psicológico diferente al de los demás porque está en indefensión aprendida.

En ese estado, la persona ha llegado a su punto de rotura, porque ha intentado de diferentes maneras evitar deprimirse y no lo ha conseguido. Alcanza en ese momento su punto de rotura psicológico, y entra en indefensión aprendida y por consiguiente en depresión.

Para superar un estado así no sirven soluciones convencionales. Si para salir de la depresión bastase con cruzar una puerta, la persona que está sufriendo la depresión no la cruzaría porque, como los animales del tercer grupo, ha aprendido que haga lo que haga no puede evitar el dolor.

Es importante comprender la indefensión aprendida para no culpabilizar a las personas cuando caen en ella. Es muy importante entender que es un mecanismo psicológico presente en todos nosotros y que, si a cualquier persona se le aplica la presión adecuada, acabará llegando a él.

Considero que tener esto presente ayudaría de una vez a que, en nuestras competitivas sociedades, dejáramos de etiquetar a las personas como «ganadoras», «perdedoras», «exitosas» o «fracasadas». Cualquiera de esos ganadores a los que a menudo se rinde culto, si se dieran las circunstancias apropiadas, podría acabar cayendo en indefensión aprendida y rápidamente pasar a dejar de intentar ganar o tener éxito.

La indefensión aprendida no es una elección ni el resultado de un carácter débil o la falta de voluntad, es una característica definitoria de la psicología de animales y personas, por lo que está presente en todos. Cualquiera, si sus recursos le fallan para vencer a la presión exterior, puede acabar cayendo en un estado de indefensión aprendida. A veces, sencillamente, ya no se puede más.

Referencias

Seligman, M.E.P. & Maier, S.F. (1967). *Failure to escape traumatic shock.* Journal of Experimental Psychology, Vol 74, pp. 1–9. doi: 10.1037/h0024514

FUENTES DOCUMENTALES

Seligman, M. E. P. (1975). *Helplessness: On Depression, Development, and Death.* San Francisco: W. H. Freeman.

SEPP (2011). *Sociedad española de psicología positiva.* Consultado en http://www.sepsicologiapositiva.es

Smallheer, B. A. (2011). *Learned helplessness and depressive symptoms in patients following acute myocardial infarction.* Nashville, Tennessee: Inédito. Recuperado de http://etd.library.vanderbilt.edu/available/etd-03152011-210853/unrestricted/Final_Dissertation_Combination.pdf

University of Colorado (2014). *Neuroscience. University of Colorado at Boulder.* Denver, CO: Regents of University of Colorado. Consultado en http://www.colorado.edu/neuroscienceprogram/maier.html

EL EXPERIMENTO DE BARLETT: NO SE FÍE DE SU MEMORIA

El experimento de Barlett, también conocido como historia de Barlett, muestra bien a las claras lo poco fiable que es la memoria humana, y cómo uno debe pensárselo dos veces antes de darle crédito a un recuerdo o a algo que otra persona, aun con la mejor de las intenciones, nos cuente.

Sir Frederic Charles Bartlett

Frederic Barlett (1886-1969) fue un psicólogo británico, profesor de Psicología Experimental en la Universidad de Cambridge. Pasó a la posteridad por sus estudios sobre psicología cognitiva y memoria. Su obra más influyente es *Remembering: A Study in Experimental and Social Psychology* (Bartlett, 1932).

Fue miembro de la prestigiosa Royal Society, y en 1948, como reconocimiento a su colaboración con la Royal Air Force durante la Segunda Guerra Mundial, le fue concedido el rango de caballero, lo que le permitía ostentar el muy británico título de «sir».

La historia de Barlett

La intención de Barlett con esta prueba era investigar el proceso de recuerdo y de qué manera las personas recuerdan las cosas. Fue un experimento muy sencillo, fácilmente reproducible, y estoy seguro de que la mayoría de los lectores aceptará rápidamente sus resultados.

Para saber cómo funciona el proceso de recuerdo, Barlett llevó a la práctica el siguiente experimento:

Pidió a los participantes que leyeran un breve cuento sobre una antigua leyenda de nativos americanos titulada *La guerra de los fantasmas (War of the Ghosts)*.

Una vez que la habían leído, Barlett les pedía, en distintas ocasiones, que se la contaran, dejando pasar cada vez mayores intervalos de tiempo entre cada ocasión, para así comprobar cómo el paso del tiempo influía en la formación de los recuerdos.

A medida que pasaba el tiempo, cada relato se iba diferenciando más de la historia original. Quien relataba la historia tendía, con el paso del tiempo, a sustituir detalles importantes por otros de cosecha propia, que normalmente se correspondían con su personalidad, experiencias pasadas y bagaje cultural.

La guerra de los fantasmas

El cuento que leían los participantes del experimento era el siguiente:

> Una noche dos jóvenes de Egulac fueron al río para cazar focas y mientras estaban allí sobrevino la niebla y la calma. Entonces escucharon gritos de guerra y pensaron: «Quizá sea una batalla». Huyeron hacia la orilla y se ocultaron tras un tronco.
>
> Unas canoas aparecieron, oyeron el ruido de los remos y vieron una canoa dirigirse hacia ellos. Había cinco hombres en la canoa, y dijeron:

«¿Qué decís? Queremos que vengáis con nosotros. Vamos río arriba a hacer la guerra a la gente».

Uno de los jóvenes dijo, «no tengo flechas».

«Hay flechas en la canoa», dijeron ellos.

«Yo no iré, podrían matarme. Mis parientes no saben dónde estoy. Pero tú», dijo volviéndose al otro, «sí puedes ir con ellos».

Así que uno de los jóvenes fue, pero el otro regresó a su casa.

Los guerreros fueron río arriba hasta una población al otro lado de Kalama. La gente saltó al agua y empezaron a luchar, y mataron a muchos de ellos.

Pero de pronto el joven escuchó a uno de los guerreros decir: «Rápido, volvamos a casa, este indio ha sido herido». Entonces pensó, «Oh, son fantasmas». No se encontraba mal, aunque le dijeron que había sido a él al que habían disparado.

Así que las canoas volvieron a Egulac, y el joven descendió a tierra y se fue a su casa e hizo un fuego. Y les dijo a todos: «Fijaos, he acompañado a los fantasmas, y fuimos a luchar. Muchos de nuestros compañeros murieron, y muchos de aquellos a los que atacamos también murieron. Dijeron que me habían herido, pero yo no sentí ningún daño».

Contó todo esto y se calló. Cuando amaneció se derrumbó. Algo negro salía de su boca. Su rostro estaba contorsionado. La gente lloraba. Estaba muerto.

Algunas de las distorsiones de la historia

Como Barlett comprobó con su experimento, a medida que pasaba el tiempo desde que habían leído el cuento, los participantes tendían a alterar la historia, distorsionándola de acuerdo a sus características personales. Es decir, personalizaban el recuerdo según sus propios esquemas mentales.

Algunos de los efectos más comunes del paso del tiempo sobre el recuerdo del relato eran las omisiones de datos o modificar o sustituir detalles importantes por otros acordes con la experiencia propia.

Por ejemplo, algunos de los participantes, al no recordar el nombre del pueblo al que pertenecían los jóvenes (Egulac), lo sustituían diciendo que *«eran de una tribu»*. Otros omitían detalles como que antes de que llegaran las canoas hasta los jóvenes, estos habían escuchado ruido de remos o que antes de que uno de ellos accediera a acompañarles hubo una conversación sobre flechas. En otras ocasiones, sustituían elementos de la historia por otros que les resultaran más familiares, y en lugar de referirse a canoas hablaban de *«botes»*.

Conclusión

En resumen, las personas alteramos nuestros recuerdos para adecuarlos a nuestra visión del mundo y a nuestra experiencia. Cuánto más tiempo haya pasado desde que ocurrió la situación que queremos recordar, más aumenta la probabilidad de que la hayamos distorsionado en nuestra mente. No nos limitamos a rememorar un recuerdo, sino que cada vez que lo recordamos lo construimos, alterándolo y diferenciándolo de la situación original.

Así pues, Barlett demostró con este sencillo experimento que nuestra forma de ser, nuestros esquemas mentales (la forma en que interpretamos el mundo) y el paso del tiempo determinan en gran medida la manera en que las personas construimos nuestros recuerdos.

Referencias

Bartlett, F.C. (1920). *Some experiments on the reproduction of folk stories.* Folk-Lore 31: 30-47.

FUENTES DOCUMENTALES

Bartlett, F. C. (1932). *Remembering: A Study in Experimental and Social Psychology.* Cambridge, UK: Cambridge University Press.

Bartlett, F. C. (1995). *Remembering. A Study in Experimental and Social Psychology.* Cambridge: Cambridge University Press.

Duveen, G., Gillespie, A. & Wagoner, B. (2014). *Sir Frederic Bartlett Archive.* Cambridge, Department of Psychology, University of Cambridge: Duveen, G., Gillespie, A. & Wagoner, B. Consultado en http://www.bartlett.psychol.cam.ac.uk/index.html

EL EXPERIMENTO DE ROBBERS CAVE: LAS CAUSAS DEL ODIO ENTRE GRUPOS

El Robbers Cave State Park (Parque Estatal de la Cueva de los Ladrones) fue el escenario elegido por el psicólogo turco Muzafer Sherif (1906-1988) y su mujer, Carolyn W. Sherif (1922-1982), también psicóloga, en 1954 para realizar un famoso experimento de psicología social, que se acabó conociendo como el experimento de la Cueva de los Ladrones (Robbers Cave Experiment).

Robbers Cave State Park

El Robbers Cave State Park es un entorno natural de más de 30 kilómetros cuadrados de extensión, situado en el estado norteamericano de Oklahoma. Actualmente es el lugar elegido por muchos amantes de la acampada, el senderismo, la escalada, la pesca o montar a caballo para practicar su afición.

Pero hace años, en el siglo XIX, las condiciones naturales de la cueva que hoy da nombre a todo el parque (oculta en una amplia zona boscosa y montañosa, corrientes de agua naturales cercanas y una oportuna salida trasera) hicieron de ella el lugar perfecto para que famosos forajidos del salvaje oeste norteamericano la escogieran como lugar en el que ocultarse de sus perseguidores. Jesse James o la banda de los hermanos Dalton fueron algunos de sus «ilustres» huéspedes.

Y fue en este lugar y sus alrededores, aislado, con la ciudad más cercana a más de 60 kilómetros de distancia, en donde el matrimonio Sherif decidió introducir a 22 niños para llevar a cabo un experimento sobre cómo funcionan las relaciones grupales y cuáles son las causas de los conflictos entre grupos de seres humanos.

El experimento

En los alrededores de la Robbers Cave hay unos terrenos que en 1929 fueron donados a los Boy Scouts de América. Fue en esa zona en donde, en 1954, se desarrolló el experimento, que formaba parte de un estudio de la Universidad de Oklahoma para investigar la naturaleza de las relaciones entre grupos.

Los sujetos experimentales fueron 22 niños, de 12 años de edad, de clase media, que no se conocían entre ellos y que tenía un nivel de educación similar. La duración del experimento fue de tres semanas.

El experimento se componía de tres fases:

1.– Fase de formación de grupos.
2.– Fase de fricción.
3.– Fase de integración.

En la primera fase se formaron dos grupos distintos, que fueron enviados a diferentes zonas del campamento para que no interactuaran entre ellos.

En la segunda fase, la fase de fricción, se pusieron en práctica una serie de juegos y actividades de recompensa para que los dos grupos compitieran uno contra otro.

En la tercera fase, la de integración, las actividades grupales no estaban dirigidas a la competición, sino a la cooperación, de forma que para realizarlas ambos grupos debían colaborar.

Veamos lo que pasó en cada una de las fases del experimento de la Cueva de los Ladrones.

Primera fase: formación de grupos

En esta fase inicial se formaron los dos grupos que serían objeto de estudio.

Previamente los niños habían sido sometidos a pruebas psicológicas, por lo que para asignar a un niño a uno de los grupos se tenían en cuenta factores como la altura, el peso, la habilidad en deportes y juegos, etc. Se trataba de que cada grupo estuviera formado por niños lo más similares posible entre sí.

Ninguno de los dos grupos sabía que en algún lugar de la amplia zona en la que se encontraban había otro grupo. Se verían por primera vez en la siguiente fase. Para conseguir mantener a cada uno ignorante de la presencia del otro, cada grupo llegó al campamento en días distintos y les fue asignada un área distinta para establecerse.

Rápidamente, cada grupo comenzó a cohesionarse, realizando diferentes tareas para lograr objetivos comunes (hacer una barbacoa, organizar la zona de nado, pintar letreros, etc.). Para eso debían planificar, tomar decisiones y emprender acciones. Esto propiciaba que en los grupos surgieran el orden, la cooperación y la colaboración.

Los experimentadores, que actuaban representando el papel de guardias de un campamento de verano, comprobaron que pronto surgían líderes y que los grupos tendían a organizarse internamente de forma jerárquica, para poder realizar las tareas de manera más organizada.

Segunda fase: fricción entre grupos

En esta segunda fase se buscaba que surgiera la tensión entre los dos grupos de niños. Para conseguirlo se hizo que ambos grupos compitieran entre ellos en juegos y competiciones deportivas.

De esta manera se conseguía crear entre los dos grupos de niños fricción y tensión, ya que el grupo perdedor a menudo se sentía frustrado por no haber conseguido ganar.

Se observó que en cada grupo comenzaban a surgir actitudes negativas hacia el otro (unos presumían de que eran mejores deportistas que los otros, hacían bromas sobre los fracasos del grupo rival, etc.) y se empezaba a acentuar el sentimiento de identidad grupal, como lo demostraba que cada uno empezara a hablar de «sus» zonas del campamento. En cierta manera, cada grupo marcaba su territorio.

Como muestra de la creación de las identidades grupales y de los sentimientos de hostilidad que iban apareciendo, sirve la pancarta que, con ocasión de un partido de béisbol, los niños de uno de los grupos hicieron, y que rezaba: *«Podréis ganar el partido, pero os vamos a dar una buena pelea».*

Tercera fase: integración grupal

La última fase del experimento consistía en intentar reducir las diferencias entre los grupos que se habían propiciado en la fase anterior.

Para lograrlo se utilizaron dos mecanismos. El primero consistía en hacer intercambios por tiempo limitado entre los miembros de cada grupo. En estos casos se comprobó que la comunicación, el hecho de conocerse, no disminuía las actitudes negativas de unos hacia otros. No importaba que un niño pasara cierto tiempo en el otro grupo, seguía siendo percibido como «diferente» y «un rival».

La segunda manera en que se intentaron eliminar las relaciones negativas entre los dos grupos fue proponiéndoles que cooperaran para conseguir un objetivo común. Este objetivo era algo que resultaba de importancia para los dos, como por ejemplo reparar el tanque que les suministraba agua.

En este caso se observaba que, como resultado de tener que trabajar juntos para conseguir un objetivo, los grupos tendían a dejar de percibirse como rivales y empezaban a desarrollar relaciones positivas entre ellos.

Conclusiones

A raíz de las observaciones realizadas en cada fase, los Sherif sacaron varias conclusiones, de entre las cuales destacan las siguientes:

1.- Cuando dos grupos se ven obligados a competir entre ellos por conseguir metas u objetivos, se acentúan los sentimientos de pertenencia a cada grupo y aumenta la hostilidad hacia el otro. En una situación de este tipo surgen con facilidad los prejuicios, la discriminación y el sentimiento de ser diferentes.

2.- El contacto entre grupos, por sí solo, no reduce la hostilidad. Solo cuando dos grupos son capaces de trabajar juntos para conseguir un objetivo de interés para ambos, los sentimientos y los comportamientos hostiles desaparecen. Las acciones de colaboración y cooperación minimizan las actitudes de prejuicio y diferenciación que se dan entre grupos de personas.

En resumen, no son las diferencias entre personas las que crean hostilidad entre grupos, sino cuestiones más prácticas, como competir o cooperar, lo que determina la naturaleza de las relaciones intergrupales, y a su vez las actitudes, los prejuicios y los sentimientos de los miembros de un grupo hacia las personas de otro grupo.

Actitudes como la xenofobia, el racismo o la discriminación de grupos de gente se dan no porque las personas piensen de verdad que las diferencias individuales son importantes, sino porque se crean diferentes grupos con objetivos prácticos particulares y no se establecen metas comunes que conseguir. Es por eso que los prejuicios, la segregación y la exclusión abundan en los conflictos entre grupos de seres humanos.

Un ejemplo de la utilidad de este descubrimiento

La utilidad de estos resultados ha sido puesta en práctica en muchas ocasiones. Un buen ejemplo de cómo enfocar la posible solución a conflictos entre grupos lo dio la República de Sudáfrica, durante años triste representante de la más dura discriminación entre personas, por causa de las políticas de *apartheid* o segregación racial.

Cuando Nelson Mandela, activista político que pasó más de 25 años en prisión, consiguió llegar a la presidencia del país, se aseguró de buscar una meta común que sirviera para unir a los grupos que estaban encarnizadamente enfrentados desde hacía años. La celebración en el país de la Copa Mundial de Rugby, en el año 1995, le ofreció la oportunidad perfecta para intentar proporcionarles una causa común.

Desde ese momento, incansablemente mostró de forma pública su apoyo a la selección nacional, los Springboks, e impulsó acciones para fomentar la práctica del rugby entre los grupos oprimidos. Hasta entonces, el rugby había sido considerado un deporte exclusivo de la clase dominante, de raza blanca.

Finalmente, con gran parte del país volcado por fin con la selección nacional, el 24 de junio de 1995, en el estadio Ellis Park de Johannesburgo, la selección sudafricana de rugby logró imponerse a la todopoderosa selección de Nueva Zelanda. Para muchos esta victoria jugó un papel muy importante en la compleja reconciliación entre grupos antagónicos y sirvió para que todos los habitantes de Sudáfrica compartieran un mismo sentimiento de identidad nacional.

Curiosidades

A diferencia de otros experimentos, en todo momento los miembros del equipo de investigación fueron advertidos de que, aunque no debían interferir en las relaciones que se iban creando en los grupos, no debían descuidar la vigilancia de la salud, el bienestar, la seguridad y el paradero de los niños.

Los dos grupos de niños tenían nombres muy apropiados para un campamento que estaba en los terrenos de los Boy Scouts. Uno era llamado Rattlers (Serpientes de cascabel) y el otro Eagles (Águilas).

Existe la creencia popular de que en alguna parte del Parque Estatal Robbers Cave los antiguos forajidos del oeste americano fueron escondiendo el resultado de sus fechorías y delitos, y que, por lo tanto, esos parajes ocultan un valioso y preciado tesoro, fruto de robos y atracos a bancos y trenes. Quién sabe, tal vez si durante el tiempo que duró el experimento alguien hubiera encontrado el tesoro, Carolyn y Muzafer Sherif habrían tenido la ocasión de añadir una variable más a la hora de estudiar las causas de la hostilidad entre grupos de humanos.

Referencias

Sherif, M., Harvey, O. J. White, B. J., Hood, W. R. & Sherif, C.W. (1961). *Intergroup Conflict and Cooperation: The Robbers Cave Experiment.* Norman, OK: University of Oklahoma.

FUENTES DOCUMENTALES

Barber, G., Birnbaum, R., Eastwood, C., Freeman, M., Hofmeyr, G., Lorenz, R., McCreary, L., Moore, T. & Neufeld, M. (productores) & Eastwood, C. (director) (2009). *Invictus*. [Cinta cinematográfica]. USA: Warner Bros. (presents), Spyglass Entertainment (in association with), Revelations Entertainment (as Revelations Entertainment/Man Company), Malpaso Productions, Liberty Pictures y Mace Neufeld Productions (uncredited).

Oklahoma Tourism & Recreation Department (2014). Oklahoma. Robbers Cave State Park. Oklahoma: Oklahoma Tourism & Recreation Department. Consultado en http://www.travelok.com/listings/view.profile/id.6415

Wilson, S. (1989). *Oklahoma Treasures and Treasure Tales*. Norman, OK: University of Oklahoma Press.

EL EXPERIMENTO DEL MUNDO PEQUEÑO: EL MUNDO ES UN PAÑUELO

Este experimento fue realizado en 1969 por Stanley Milgram (Universidad de New York) y Jeffrey Travers (doctorado en Relaciones Sociales por la Universidad de Harvard). El estudio pretendía confirmar esa expresión popular que todos hemos utilizado alguna vez al decir que *«el mundo es un pañuelo»*.

Esta expresión se refiere a que es fácil encontrar a terceras personas que tengan o hayan tenido relación con conocidos nuestros, o a que en ocasiones encontramos a alguien conocido en un lugar inesperado.

A esta creencia popular pretendieron dar una respuesta científica Milgram y Travers, intentando averiguar cuál es la probabilidad de que dos personas que vivan en ciudades diferentes se conozcan por medio de terceras personas.

Antecedentes

Stanley Milgram era ya famoso por el experimento realizado a principios de la década de 1960, dirigido a investigar cuáles eran las bases de la obediencia a la autoridad y del que hemos hablado ya en un capítulo anterior.

La cuestión de cuál es el grado de separación entre las personas en la sociedad (en las redes sociales reales, no las virtuales, que no existían por aquel entonces) era algo que ya se había planteado en otras ocasiones, pero Milgram hizo una serie de investigaciones para comprobarlo empíricamente.

Los resultados de esas investigaciones fueron publicados en el año 1967 en un artículo de la revista Psychology Today, titulado *El problema del mundo pequeño* (en inglés, *The Small-World Problem*), que causó gran sensación entre el público. Sin embargo, en este capítulo describiré, de forma general (como siempre, remito al lector a los artículos originales para mayor detalle), el experimento expuesto en el artículo publicado conjuntamente con Jeffrey Travers, de título *Un estudio experimental del problema del mundo pequeño* (título original, *An Experimental Study of the Small World Problem*), publicado en el año 1969 en la revista Sociometry. Este artículo es considerado más riguroso y detallado que el anterior, debido a que se publicó en una revista más especializada.

El experimento

A los participantes en el estudio se les pidió que enviando cartas a través de amigos trataran de llegar hasta una persona en particular, completamente desconocida para ellos, y que vivía en una ciudad distinta a la suya.

En un principio puede parecer muy difícil, sino imposible, que una persona logre contactar con un desconocido que viva a kilómetros de distancia utilizando solamente una red de amigos y conocidos, pero los resultados mostraron que no es tan difícil.

De hecho, a la luz de los resultados obtenidos, parece que, efectivamente, el mundo es más pequeño de lo que se pueda pensar. Casi el 30% de los participantes lograron, utilizando el método propuesto, que su carta llegara hasta la persona que se les había indicado. Un resultado que, si bien puede parecer no muy alto, lo es si lo comparamos con lo que inicialmente podría pensarse.

Imagínese que le pidan a usted que localice a alguien que no conoce, que vive en una ciudad alejada de la suya, y que lo haga enviando cartas exclusivamente a personas que conozca. ¿Qué probabilidades diría que tiene la carta de llegar a su destinatario final?

El método

El método utilizado en el experimento había sido desarrollado previamente por Stanley Milgram, y era llamado, como no, el *«método del mundo pequeño»* (small world method). Era el que había utilizado para los experimentos sobre esta cuestión acerca de los que hablaba en el artículo publicado en 1967 en la revista Psychology Today.

El método del mundo pequeño y el experimento para el que se utilizó consistieron en lo que sigue a continuación.

Fueron seleccionadas como participantes 296 personas que residían en las ciudades norteamericanas de Nebraska y Boston, y se les pidió que trataran de contactar con un desconocido que vivía en otra ciudad. La ciudad en la que vivía esa persona desconocida era Massachusetts. Para lograr que la carta llegara a su destino, solo podían valerse de parientes, amigos y conocidos.

A cada participante se le dio una carta en la que se explicaban los motivos y las condiciones del estudio. Tenía que enviarla a una persona que conociera y que pensara que podía servir para acercarse al destinario final. La persona que la recibiera debía a su vez enviársela a otra, cumpliendo las mismas condiciones. Así sucesivamente, hasta llegar, si era posible, al destinatario que se había elegido como objetivo final. Si el destinario final recibía al fin la carta, debía remitirla de vuelta a los experimentadores.

Básicamente, los objetivos del estudio eran: 1) averiguar si la carta llegaba a su destinatario, y 2) en caso afirmativo, cuántos conocidos, (y conocidos de conocidos, y conocidos de conocidos de conocidos…) harían falta para llegar hasta la «persona objetivo». Para averiguar esto último, todo el que recibiera la carta debía ir apuntando sus datos antes de remitirla a la siguiente persona.

La carta debía enviarse siempre a una persona conocida y que se pensara que podía ayudar a que la misiva llegara al destinatario final. No se podía enviar la carta directamente al destinario último excepto que se le conociera personalmente.

Resultados

De los 296 participantes en el estudio, 217 hicieron el primer envío de la carta. De las cartas enviadas, 64 llegaron a su destinatario final, por lo que el porcentaje de éxito conseguido en el experimento fue de casi el 30%.

Además de los datos de efectividad, hay que resaltar que en muchos casos, en las cartas que terminaron llegando a su destinatario final, se repetían los nombres de las personas por cuyas manos habían pasado. Esto quiere decir que partiendo cada carta de un participante distinto, a veces pasaba por la misma persona, lo que es un dato importante, ya que también ayuda a confirmar que efectivamente el mundo sí es un lugar pequeño.

En los casos en los que la carta llegó a sus destinatarios, el promedio de personas que componía la cadena fue de 5,2. Es decir, que el número de personas que separaban a dos perfectos desconocidos de distintas ciudades (el remitente y el destinatario originales) era de menos de 6.

Haga su propia investigación

Sin duda, herramientas como Facebook, de haber existido en la época de Milgram y Travers, habrían sido parte del método utilizado para realizar su experimento.

Es por eso que le propongo que haga su propia investigación para averiguar por usted mismo si el mundo es realmente un lugar pequeño.

En caso de que posea un perfil de Facebook, investigue entre sus amigos y trate de averiguar qué relaciones en común hay entre ellos que usted desconozca. Por ejemplo, cuántos, sin conocerse entre ellos, comparten amigos comunes que usted tampoco conoce.

Esta es una manera muy sencilla y rápida de comprobar por uno mismo si el mundo es tan pequeño como Milgram y Travers nos demostraron, hace ya unos cuantos años y con medios mucho más limitados.

Referencias

Milgram, S. (1967). *The Small-World Problem.* Psychology Today, Vol 1, No 1, pp. 61- 67. doi: 10.2307/2786545

Travers, J. & Milgram, S. (1969). *An Experimental Study of the Small World Problem.* Sociometry, Vol 32, No. 4, pp. 425-443. doi: 10.2307/2786545

FUENTES DOCUMENTALES

Harvard University (2007). *The Department of Psychology.* Cambridge, MA: President and Fellows of Harvard College. Consultado en http://www.isites.harvard.edu/ icb/icb.do?keyword=k3007&pageid=icb.page28893

EL EXPERIMENTO DE LAS EXPRESIONES FACIALES DE LANDIS: ¿LA CARA ES EL ESPEJO DEL ALMA?

Carney Landis, graduado en Psicología por la Universidad de Minnesota, diseñó, en el año 1924, un experimento con el que pretendía averiguar si las emociones iban acompañadas de expresiones faciales específicas, es decir, quería saber si a cada emoción le corresponde un gesto de la cara concreto.

El experimento

En el experimento de Landis participaban voluntarios (estudiantes y compañeros de Landis en la Universidad de Minnesota, fundamentalmente) a los que se les pintaba una serie de rayas en el rostro.

Las líneas se hacían en los lugares de la cara que nos permiten articular las diferentes expresiones faciales (básicamente, las zonas marcadas eran: cejas, mejillas, labios, barbilla y nariz). Pintar líneas en esas zonas tenía por objeto poder medir las variaciones gestuales que se producían ante cada emoción, tanto en una misma persona como al hacer comparaciones entre personas.

Para provocar en los participantes reacciones emocionales, Landis les sometía a todo tipo de estímulos: oler amoníaco, introducir la mano en cestos con ranas o presentarles imágenes eróticas estaban entre las pruebas más llamativas.

Con estas pruebas, Landis pretendía generar en los sujetos experimentales emociones como aversión (asco), miedo, alegría o sorpresa, entre otras.

Pero en su intento por conseguir despertar reacciones emocionales, Landis ideó una prueba que se convirtió en la parte más conflictiva del experimento. En un determinado momento, el psicólogo solicitaba a los participantes que le cortaran la cabeza a una rata.

¿Qué ocurrió entonces?

Cuando llegaron a esta prueba, una tercera parte de los participantes rechazaron realizar lo que se les solicitaba. El resto accedió a seguir las indicaciones del experimentador.

Determinado a continuar con la investigación a pesar de que algunos de los sujetos experimentales se negaran a seguir sus indicaciones, Landis les obligaba a mirar mientras otra persona lo hacía, para así poder estudiar cuál era la reacción emocional que asomaba a sus rostros.

Resultados

Con su experimento, Landis pretendía abrir una puerta al mundo emocional de los seres humanos.

Las emociones y los sentimientos de las personas son muy complejos, y es prácticamente imposible saber, a ciencia cierta, cuál es el estado emocional de una persona. Si tenía éxito en su experimento, pensaba seguramente Landis, analizando la expresión facial de una persona se podría saber cuál era la emoción que sentía.

Las implicaciones de un descubrimiento como este van mucho más allá del simple beneficio propio en la comunicación con otra persona. Si cada emoción lleva aparejada una expresión facial, analizando convenientemente los gestos se podría saber cuáles son las emociones que diferentes situaciones despiertan en las personas: la forma de dar clase de un maestro, la disertación de un conferenciante, el diseño de un producto de consumo, la presentación de una prueba al acusado de un delito, un interrogatorio policial a un sospechoso... son solo algunas de las aplicaciones prácticas en las que podría ser de utilidad saber cuál es el gesto acompaña a cada emoción, posibilidades que tal vez también Carney Landis tenía en mente al diseñar su experimento.

Conclusiones

El experimento de Landis no fue exitoso, ya que no obtuvo resultados lo suficientemente significativos como para que se confirmara su hipótesis de relación entre gestos de la cara y emociones.

Son varias las críticas que se hacen a su investigación. Por supuesto, las principales son las que se refieren a la falta de ética en el procedimiento empleado, al pedir a las personas que realizaran algo que atentaba claramente contra su sensibilidad, al no respetar su decisión de no realizar esa prueba y al vulnerar flagrantemente los derechos de los animales.

Aparte de estas objeciones, también se hacen al experimento otras de carácter más metodológico (no establecer un grupo de control al que no sometiera a las pruebas o no haber realizado mediciones psicológicas de los participantes, ya que diferentes personalidades tendrán diferentes grados de estabilidad emocional, y por lo tanto reaccionarán de forma distinta ante una misma situación).

Paul Ekman

Unos años más tarde, en 1960, el psicólogo Paul Ekman encontró una manera más sencilla de saber si cada emoción lleva aparejada una determinada expresión facial.

Ekman viajó hasta Papúa Nueva Guinea y estableció contacto con una tribu que vivía completamente aislada de la civilización moderna. Una vez que se hubo ganado su confianza, les enseñó una serie de fotos de personas manifestando diferentes emociones (alegría, ira, disgusto, miedo, etc.). Ekman pudo comprobar como los nativos reconocían algunas de estas expresiones porque ellos también las utilizaban para expresar emociones.

De esta manera aparentemente tan sencilla, Ekman consiguió establecer la relación entre expresiones faciales y emociones, y concluyó además la existencia de seis emociones básicas en todos los seres humanos: alegría, tristeza, miedo, ira, sorpresa y aversión (sensación de repulsión o asco).

El experimento de Ekman supuso la llegada de una concepción de las emociones totalmente distinta a la que había existido hasta ese momento, e influyó en buena parte de las investigaciones sobre las emociones que se han realizado desde entonces.

Curiosidades

Revisando el experimento de Landis, a menudo se dice que si bien pudo no haber sido todo lo exitoso que pretendía en su objetivo de saber si emociones y expresiones faciales estaban asociadas, sí lo fue al adelantar, involuntariamente, los resultados de un experimento que Stanley Milgram realizaría cuarenta años después, en 1962.

Este experimento, del que ya hemos hablado en el capítulo *El experimento de Milgram: la obediencia ciega a la autoridad*, serviría para averiguar hasta qué punto las personas tenemos tendencia a obedecer órdenes.

Los resultados de la investigación de Milgram demostraron que el 65% de los participantes seguía las órdenes que se les daban de administrar una descarga eléctrica a una persona en unas determinadas condiciones. En el experimento de Landis, las dos terceras partes de los participantes siguieron sus instrucciones de cortar la cabeza a una rata aun cuando esa orden les causaba un profundo malestar. Dos tercios son el 66% de la muestra. Prácticamente los mismos resultados que obtuvo Milgram en su experimento sobre la obediencia.

Referencias

Landis, C. (1924). *Studies of emotional reactions. I. A preliminary study of facial expression.* Journal of Experimental Psychology, Vol 7(5), pp. 325-341. doi: 10.1037/h0076072

Landis, C. (1924). *Studies of Emotional Reactions. II. General Behavior and Facial Expression.* Journal of Comparative Psychology, Vol 4(5), pp. 447-510. doi: 10.1037/h0073039

FUENTES DOCUMENTALES

Paul Ekman Group, LLC (2013). *Paulekman.com.* San Francisco, CA: Paul Ekman Group. Consultado en http://www.paulekman.com

LOS EXPERIMENTOS DE HARLOW CON MONOS: EL ORIGEN DEL AMOR Y LOS EFECTOS DE LA SOLEDAD

Los experimentos del psicólogo norteamericano Harry Harlow son conocidos, más que por sus resultados, por los métodos utilizados. Realizados bajo los estándares de una ética investigadora distinta a la de nuestros días, nadie duda de que actualmente esos experimentos serían calificados de faltos de ética.

En este capítulo trataremos los dos experimentos más conocidos de este investigador: el experimento sobre sobre la naturaleza del amor y el experimento sobre los efectos de la soledad.

Ambas investigaciones fueron realizadas con monos, en concreto con macacos de la especie Rhesus, raza utilizada frecuentemente para investigaciones científicas, hasta el punto de que el descubrimiento del factor Rh, que determina el grupo sanguíneo humano (Rh positivo o negativo), se debe a experimentos realizados con estos animales. También han sido utilizados para la investigación espacial como «tripulantes», antes incluso de que comenzaran las misiones con humanos.

Harry F. Harlow

Harry Frederick Harlow (1905-1981) cursó estudios en la Universidad de Stanford, y tras obtener un doctorado en Psicología, fue contratado como profesor por la Universidad de Wisconsin.

Fue en esta universidad en la que fundó el Laboratorio de Primates, en el que realizaría, durante las décadas de 1950 y 1960, sus conocidos experimentos con monos.

El experimento sobre la naturaleza del amor

Con esta investigación Harlow buscaba conocer cuáles eran los mecanismos del amor. Para él, la primera y más básica forma de amor era el apego entre madres e hijos, por lo que ideó un experimento para estudiar la naturaleza del amor hacia sus madres de entre las crías que formaban parte de sus simios experimentales.

Con este objeto, Harlow construyó unas «madres sustitutas». Había dos tipos: las primeras estaban hechas de alambre y simulaban la forma de un mono; las segundas, también de apariencia simiesca, estaban recubiertas en su estructura por unos tejidos que simulaban el pelaje de los monos.

Unas cuantas crías recién nacidas fueron separadas de sus madres y llevadas junto con las madres artificiales. Pasados varios meses bajo los «cuidados» de las madres sustitutas, todas las crías eran puestas ante los dos tipos de madres adoptivas, dándoles la oportunidad de elegir entre unas u otras.

En la situación en la que las crías debían elegir, las madres metálicas habían sido equipadas con un biberón del que podían beber los monos, pero las madres de tela no. Harlow comprobó que la mayoría de las crías tendían a ir y a pasar más tiempo con el segundo tipo de madres, las que proporcionaban calor y cercanía con sus tejidos. Ocasionalmente las abandonaran para ir a alimentarse del biberón de las madres metálicas, pero en cuanto terminaban, volvían con las madres de tela.

Este experimento demostraba que la naturaleza del amor entre padres e hijos es más psicológica que instintiva, y que se basa en factores de carácter emocional. Que sean atendidas las necesidades más básicas (alimentación) no crea necesariamente amor, sino que es la satisfacción de las necesidades emocionales (en el caso de las crías del experimento, la sensación cálida de confort que proporcionaban las madres recubiertas de tejido) la que constituye la base de la creación del afecto y de los lazos amorosos.

Los resultados de la investigación servirían para dar relevancia al papel de los padres adoptivos frente al de los padres biológicos en casos de adopción.

El experimento de los efectos de la soledad

Con esta serie de experimentos, Harlow y sus colaboradores querían conocer cuáles eran los efectos que la soledad prolongada tiene sobre los individuos.

Para ello decidieron investigar cómo afectaba la soledad a los monos, ya que investigaciones anteriores había mostrado que existían similitudes entre el desarrollo de humanos y simios.

Con este propósito creó varios grupos de monos, que fueron sometidos a diferentes condiciones experimentales de aislamiento.

Por un lado estaba el grupo que sería sometido a una *soledad parcial*, que consistiría en encerrar a los monos en jaulas para impedirles el contacto físico con sus semejantes. Sin embargo, en esta condición el contacto visual era posible, ya que otros monos estaban próximos a los enjaulados. Podían ver a otros monos, aunque no interactuar con ellos.

Por otra parte estaba el grupo de monos que sería sometido a *soledad total*. Estos eran aislados completamente de cualquier tipo de contacto con sus semejantes.

En ambos casos, los períodos de tiempo durante los que los monos de ambos grupos fueron sometidos a condiciones de soledad fueron de 3, 6 y 12 meses.

Resultados

Los resultados de la investigación pusieron de manifiesto los traumáticos efectos que la soledad puede tener sobre los individuos.

Una vez liberados, los simios mostraban diferentes alteraciones de la conducta, como falta de capacidad para jugar, alteraciones de la capacidad intelectual (como la disminución de la capacidad para resolver problemas), o aumento del miedo hacia otros monos. Tal vez este último efecto, el incremento del miedo hacia otros monos, era el más generalizable y el que con mayor frecuencia se daba.

Incluso años después de ser liberados, algunos monos mostraron graves trastornos emocionales, como el desarrollo de anorexia.

En el caso de los monos que permanecieron en soledad total, todas estas consecuencias se acentuaban, y los efectos del asilamiento eran, en palabras de Harlow, *«devastadores»* (Harlow, 1965). Las extremas condiciones del aislamiento total eliminaban completamente de los animales, al ser liberados, la capacidad de relacionarse con sus semejantes.

Implicaciones

Las implicaciones que estos descubrimientos pueden tener para la comprensión de los efectos de la soledad sobre los seres humanos son varias. Personas condenadas a la marginación social y a la soledad que conlleva, desarrollan a menudo actitudes y conductas que pueden, a cierto nivel, ser comparadas con algunas de las alteraciones del comportamiento que desarrollaron los monos de Harlow.

Entender el miedo hacia los demás o las conductas agresivas que pueden desarrollar las personas en situaciones de aislamiento sirve para idear programas y tratamientos que les permitan reintegrase en la sociedad.

Los resultados del experimento de Harlow también resultan de utilidad para comprender los efectos que largos períodos de soledad tienen sobre personas que se ven obligadas a permanecer aisladas, sea por motivos de trabajo (astronautas, científicos o trabajadores en lugares remotos) o por otro tipo de razones (reclusos de cárceles o prisioneros de guerra).

Los métodos utilizados

Debido al tipo de experimentos que Harlow diseñaba, y al maltrato que suponían para los animales, las críticas a sus métodos no tardaron en llegar.

Se considera que la discusión pública que se originó en torno a los experimentos de Harlow jugó un gran papel en que se desarrollara una ética respecto al uso experimental de animales y se adquiriera una mayor sensibilidad hacia el trato que recibían los animales en las sociedades humanas.

Referencias

Harlow H. F., Dodsworth R.O. & Harlow M.K. (1965). *Total social isolation in monkeys*. Proc Natl Acad Sci USA, Vol. 54 (1), pp. 90–97. Consultado en http://www.ncbi.nlm.nih.gov/pmc/articles/PMC285801/#reference-sec

Harlow, H. F. (1958). *The nature of love*. American Psychologist, Vol 13 (12), pp. 673-685. doi: 10.1037/h0047884

Harlow, H. F. (1959). *Love in Infant Monkeys*. Scientific American, Vol 200, pp. 68, 70, 72-73, 74. doi: 10.1038/ scientificamerican0659-68

FUENTES DOCUMENTALES

Cherry, K. (2014). *Harry Harlow Biography (1905-1981)*. Chicago, IL: About.com. Consultado en http://psychology.about.com/od/profilesal/p/harry-harlow.htm

Harlow, H.F. & Suomi, S.J. (1970) *Nature of Love: Simplified*. American Psychologist, 25(2), 161-168, doi: 10.1037/h0029383

National Geographic (2013). *Macaco Rhesus*. Washington, D.C.: National Geographic Society. Consultado en http://nationalgeographic.es/animales/mamiferos/macaco-rhesus

Slater, L. (2004, 21 de marzo). *Monkey love. Harry Harlow's classic primate experiments suggest that to understand the human heart you must be willing to break it*. Boston.com, The New York Times Company. Recuperado de http://www.boston.com/news/globe/ideas/articles/2004/03/21/monkey_love

EL EXPERIMENTO DE KURT LEWIN: EL MEJOR ESTILO PARA MANDAR

El más comúnmente conocido como experimento de los estilos de liderazgo fue realizado en el año 1939 por Kurt Lewin (1890-1947), psicólogo americano de origen alemán.

Las investigaciones de Lewin se centraban fundamentalmente en indagar sobre el funcionamiento de los grupos humanos y las distintas formas en las que la dinámica de un grupo influye sobre las personas que lo forman. Los resultados que obtuvo en sus estudios tuvieron un gran impacto en el campo de la psicología social, en el que es considerado una figura destacada.

En el experimento que vamos a ver a continuación, Lewin buscaba averiguar cómo influye el estilo de liderazgo utilizado para dirigir un grupo sobre el comportamiento de las personas que lo componen.

Antecedentes

En el año 1933, Lewin se había visto obligado a abandonar Alemania, dejando su puesto en la Universidad de Berlín, para escapar del creciente empuje del nazismo en su país.

El destino elegido por Lewin fue, como el de tantos otros, Estados Unidos. Una vez en Norteamérica, comenzó a trabajar para varias universidades, entre ellas la Universidad de Iowa.

En esos años había un interés cada vez mayor por entender los mecanismos sociales que se estaban dando en Alemania, ya que se veía con creciente preocupación el imparable ascenso del nacionalsocialismo y cómo prácticamente todo el pueblo alemán sucumbía a su influencia.

Estas circunstancias, y sin duda sus propias vivencias y experiencias personales, fueron lo que llevaron a Kurt Lewin a intentar desentrañar los efectos que los climas sociales derivados de diferentes estilos de liderazgo tenían sobre el comportamiento de las personas.

El experimento

Este experimento fue la continuación de otros similares que hasta entonces se habían realizado. Como en ellos, los elegidos para la ocasión como sujetos experimentales fueron un grupo de niños, de entre 8 y 10 años de edad, que previamente habían sido evaluados para determinar cómo se relacionaban y se llevaban entre ellos, además de medirse también su condición física y psicológica.

Simplificando el relato del experimento para facilitar su comprensión (al final haré unas cuantas aclaraciones), podemos decir que Lewin dividió a los niños en varios grupos, a cargo de los cuales estarían unos adultos, colaboradores del experimento.

A todos los grupos se les encargó la realización de una serie de trabajos manuales (fabricar unas máscaras de teatro, pintar murales, construir unos juguetes, etc.). Cada colaborador recibió instrucciones de aplicar a un grupo determinado un estilo de dirección diferente. Las reacciones de los grupos fueron observadas durante un período de tres meses.

De esta manera, un primer grupo fue «gobernado» siguiendo un estilo de *liderazgo autocrático*, mediante el que el colaborador daba órdenes e instrucciones directas sobre lo que se debía hacer, era quien asignaba los compañeros de tarea de cada niño, y no se mostraba receptivo a ninguna clase de sugerencia o aportación.

Un segundo grupo, en cambio, fue dirigido por un adulto que utilizó un estilo de *liderazgo liberal*, de forma que a los niños apenas les eran dadas instrucciones sobre cómo organizarse y realizar los trabajos manuales que se les habían encargado. Aunque respondía a preguntas sobre las tareas si los niños se las hacían, la actitud general del colaborador era de apatía y de no hacer esfuerzos por dirigir el grupo.

Por último, un tercer grupo fue sobre el que se aplicó un estilo de *liderazgo democrático*, mediante el cual el colaborador encargado de dirigirlo debatía con los niños la mejor manera de realizar las tareas y les estimulaba a participar y preguntar. No daba indicaciones directas sobre cómo hacer las tareas, sino que exponía varias opciones y dejaba que los niños las discutieran y tomaran una decisión entre todos. Les daba libertad para escoger a los compañeros de tarea que quisieran y trataba de ser uno más del grupo antes que el líder.

Resultados

Transcurridos los tres meses de duración del experimento, llegó la hora de analizar los resultados. La información recogida hacía referencia a los tipos de relaciones sociales establecidas en los grupos y a los comportamientos observados en los niños.

A la vista de los datos obtenidos, Lewin comprobó que bajo el primer estilo de liderazgo, el autocrático, el comportamiento de los niños tendía a volverse agresivo hacia sus compañeros y de sumisión hacia el colaborador que ejercía las funciones de líder. El clima grupal era muy competitivo, y con frecuencia los niños rivalizaban entre sí por conseguir más atención o por hacer valer sus logros. Las críticas y descalificaciones hacia el trabajo de los compañeros o las actitudes egoístas (demandas de atención) se daban también a menudo.

Los niños del grupo al que se aplicó el segundo estilo de liderazgo, el estilo liberal, a veces no conseguían cumplir con las tareas que se les habían encomendado. Se daban entre ellos actitudes rebeldes, agresivas o de culpabilizar a otros compañeros por no conseguir realizar una tarea. Al no recibir casi instrucciones y apoyo por parte del colaborador, no lograban organizarse de forma eficaz.

El tercer grupo, sobre el que se aplicó un estilo de dirección democrático, alcanzó los objetivos que se le habían propuesto, pero la diferencia respecto del primer grupo (que también los había logrado) era el ambiente que se creó entre sus miembros. Lejos de desarrollar conductas competitivas o agresivas, como en el primer caso, como resultado de la atmósfera grupal creada por el estilo democrático, los niños mostraban conductas de amistad, participativas, se ayudaban unos a otros para conseguir realizar las tareas, discutían constructivamente para tomar decisiones y no era necesario que el colaborador estuviese presente para que mostraran interés en las manualidades y trabajaran en ellas. Tendían a tratar al adulto que los dirigía como un compañero más, y se relacionaban con él de la misma forma que lo hacían entre ellos.

Conclusiones

Los resultados del experimento dejaban claro que el clima que se creaba en un grupo por la forma en que se lo dirigiera facilitaba que en las personas se dieran unas determinadas conductas.

El estudio puso de manifiesto cómo el comportamiento de las personas que componen un grupo está en gran medida influido por la manera en que es dirigido, de manera que según cuál sea el estilo de liderazgo que se use abundarán unos u otros tipos de comportamiento y formas de relacionarse entre las personas.

La investigación de Lewin demostraba que el democrático era el estilo de dirigir grupos que más repercusiones positivas tenía sobre la conducta de las personas, ya que no solo les permitía conseguir objetivos comunes, sino que a la vez propiciaba la aparición de actitudes positivas como la igualdad, la colaboración y la ayuda mutua.

Las conclusiones del estudio de Lewin tienen una gran repercusión en la mejor comprensión de cómo afecta a las personas el clima grupal que cree el estilo de liderazgo con el que se dirija un grupo. A nivel educativo, por ejemplo, estos resultados son de mucha ayuda para los educadores a la hora de establecer un estilo de enseñanza determinado.

Adoptando un punto de vista más amplio, se concluye que cuando determinados comportamientos se generalizan socialmente, como la sumisión, la agresividad, la cooperación u otros muchos tipos de conductas, se puede encontrar una explicación de su origen en la forma en la que se gobierna en esa sociedad.

Teniendo en cuenta la dramática situación que en la época en la que se desarrolló el experimento comenzaba a esbozarse en el mundo (el inicio de la Segunda Guerra Mundial), los resultados obtenidos por Lewin suponían un respaldo al sistema democrático, que en esos momentos se oponía al liderazgo autoritario que ya se había consolidado en Alemania.

También ayudaban a comprender mejor las reacciones del pueblo alemán al liderazgo de los nazis, y la manera en que el país se comportaría en los meses y años que estaban por venir, y que marcaría, de forma trágicamente imborrable, la historia del siglo XX y de toda la humanidad.

Curiosidades

La forma en la que he relatado el experimento es la más extendida y la que, sin duda, ayuda a divulgar mejor los resultados y la intención de la investigación. Sin embargo, la metodología del experimento fue mucho más compleja.

Realmente había más de tres grupos, puesto que Lewin también estableció grupos de control (un grupo sobre el que no se aplican las variables que se quieren estudiar). Además, en ocasiones cambió los líderes de los grupos, para confirmar que era el estilo de liderazgo utilizado, y no la persona que lo ejercía, lo que creaba el clima que propiciaba la aparición de unos comportamientos sobre otros.

También hubo fases en las que los tres tipos de estilos de liderazgo fueron probados en cada uno de los grupos, para poder comparar la influencia de los tres estilos sobre el mismo grupo de niños.

En el artículo en el que se describe la investigación, Lewin incorpora los experimentos del mismo tipo llevados a cabo por Ron Lippitt y Robert White.

El estilo liberal fue definido por Lewin con la expresión francesa *«laissez-faire»*, algo así como «dejar hacer». Sin embargo, cuando se describe el experimento normalmente se suele utilizar la expresión *«liberal»* porque ayuda a transmitir la idea de que se estaban poniendo a prueba estilos de liderazgo que son reflejo de sistemas políticos.

Referencias

Lewin, K., Lippitt, R. & White, R. K. (1939). *Patterns of aggressive behavior in experimentally created "social climates"*. The Journal of Social Psychology, Vol 10, pp. 271-299. doi: 10.1080/00224545.1939.9713366

FUENTES DOCUMENTALES

Smith, M. K. (2001). *Kurt Lewin: groups, experiential learning and action research.* London: Infed.org, YMCA George Williams College. Consultado en http://infed.org/mobi/kurt-lewin-groups-experiential-learning-and-action-research

EL EXPERIMENTO DE LA TERCERA OLA: CÓMO CREAR UN ESTADO TOTALITARIO EN UNA SEMANA

En 1967, en California (Estados Unidos), el profesor Ron Jones ideó un pequeño experimento de psicología social para enseñarles a sus alumnos por qué el nazismo logró triunfar en la Alemania de la década de 1930.

Este experimento, que más bien se trata de una demostración porque realmente no se ajustó a los principios del método científico, terminó haciéndose tan popular que acabó dando lugar a una serie de televisión, a un libro que se convirtió en un bestseller, a una película, a un documental, a un museo y hasta a un musical.

Antecedentes

En la primavera de 1967, Ron Jones era un joven profesor de Historia de veinticinco años de edad que impartía clases en el instituto Cubberley de la ciudad californiana de Palo Alto.

Ante la incredulidad de sus alumnos cuando les contaba la situación social de Alemania en la época del nazismo, el joven profesor decidió enseñarles, mediante un experimento práctico, cómo un país se podía convertir en un estado totalitario.

Pero como ya había ocurrido en alguna otra ocasión con experimentos de psicología social (el experimento de la cárcel de Stanford ideado por el psicólogo Philip Zimbardo), la demostración de Ron Jones enseguida empezó a adquirir visos de realidad, y en cuestión de solo unos días sus alumnos, unos adolescentes de tan solo quince años de edad, empezaron a transformarse en los peones de un sistema opresor que trataba agresivamente de cobrar vida.

El experimento

Los alumnos de la clase de Historia Mundial del profesor Jones, jóvenes nacidos después de la Segunda Guerra Mundial, no podían entender cómo había sido posible que el nazismo hubiera cobrado tanta fuerza en Alemania, hasta el punto de acabar provocando un cataclismo de consecuencias mundiales.

Para conseguir que sus alumnos lo comprendieran, Jones decidió llevar a cabo una demostración práctica de una semana de duración, con la intención de que una serie de pequeñas pruebas les acercara a comprender lo que había ocurrido en Europa unas décadas atrás.

Primer día

El primer día, el profesor empezó por introducir una serie de variables propias de las dictaduras y los regímenes totalitarios.

Lo primero que hizo fue aumentar la disciplina a la que los alumnos estaban sometidos: les convenció de los beneficios de adoptar una nueva postura al sentarse (pies tocando con la planta en el suelo, tobillos casi juntos, piernas dobladas 90 grados, espalda recta). Sin embargo, las explicaciones sobre los beneficios de esa postura no eran más que una forma sutil de inducir a los alumnos a seguirle el juego. En pocos minutos estar correctamente sentado pasó a convertirse en una cuestión de importancia para todos.

En segundo lugar, decidió establecer unas nuevas reglas en la clase (entre otras, los alumnos deberían permanecer sentados hasta que se les diese permiso, tendrían que dirigirse a él como «señor Jones» y las respuestas que le dieran debían ser siempre de tres palabras o menos).

Al haber unas nuevas normas que debían ser respetadas por todos, las antiguas relaciones de popularidad y dominancia propias de una clase de adolescentes pasaron a ser inválidas, y alumnos que antes estaban relegados al anonimato, vieron su oportunidad de participar en el nuevo orden del aula. La participación aumentó y la clase se hizo más homogénea.

Segundo día

El segundo día, Jones se centró en proporcionar a sus alumnos un sentimiento de pertenencia. Escribió en la pizarra frases del tipo «A LA FUERZA MEDIANTE LA DISCIPLINA» o «A LA FUERZA MEDIANTE LA UNIÓN». Después organizaba debates en torno a esos temas e incluso hacía que toda la clase leyera las frases en voz alta y a la vez.

Finalmente creó un saludo especial entre los miembros de la clase (tocarse un hombro con la mano del mismo brazo). El gesto que se hacía con el saludo recordaba al de una ola, así que fue bautizado como el saludo de la Tercera Ola. Esa forma de saludarse diferenciaba a sus alumnos de los de otras clases, lo que les hacía sentirse especiales.

Tercer día

El tercer día asignó a algunos alumnos la tarea de vigilar que se respetaran las nuevas reglas y les dio capacidad para denunciar a quienes las incumplieran. Había creado el miedo a romper las normas y una policía para vigilarlas.

Los alumnos, estimulados por la aplicación práctica de conocimientos, estaban fascinados por la experiencia y le urgían a seguir con ella. Se estaba convirtiendo en un líder, y, poco a poco, el simulacro de sistema totalitario que había ideado comenzaba a atrapar a los adolescentes. Otros estudiantes del instituto comenzaron a pedir unirse a la Tercera Ola, así que el profesor estableció un procedimiento de admisión, mediante el cual los aspirantes a miembros debían aceptar las normas y prestar obediencia al líder.

Los estudiantes se lo tomaban muy en serio, así que se comportaban siempre de acuerdo con las leyes de la Tercera Ola.

En solo tres días el experimento había pasado de ser una idea en la mente del profesor a crear una nueva realidad en la escuela, hasta el punto de que uno de sus alumnos decidió convertirse en el «guardaespaldas del líder».

El profesor comenzaba a preocuparse, y dudaba sobre si debía poner fin al experimento. No era una decisión fácil, porque los estudiantes realmente estaban fascinados con esta nueva y práctica forma de asimilar conocimientos, y en ellos se observaba una actitud de compromiso que muchos educadores quisieran para sus alumnos.

Pero la situación tomó su propio curso, sobrepasando la capacidad de control de Jones. El padre de uno de los alumnos, que había sido prisionero de los alemanes durante la Segunda Guerra Mundial, indignado por lo que su hijo le contaba acerca del experimento, entró en el aula cuando estaba vacía y la destrozó.

Pero a esas alturas, la Tercera Ola ya se había extendido por toda la escuela y había ganado adeptos entre otros muchos estudiantes. La desconfianza de los profesores hacia sus alumnos se acentuaba a cada momento que pasaba.

Cuarto día

Finalmente, a pesar de sus dudas, Jones decidió continuar con el experimento, y el cuarto día dijo a su cada vez más numeroso alumnado que no se trataba de un juego, sino que ellos eran la avanzadilla de una forma de gobierno que empezaría a implantarse en el país en los próximos días. Todos le creyeron y se mostraron dispuestos a ser parte activa del nuevo orden nacional.

Quinto y último día

El último día del experimento, Jones reunió a todos los alumnos en la clase y les dijo que en breve se emitiría un programa por la televisión anunciando la llegada de la Tercera Ola. Había un televisor en el aula, así que todos aguardaron expectantes el momento del comunicado.

A la hora en que debía emitirse el anuncio oficial de la llegada del nuevo régimen, el profesor Ron Jones abandonó su papel de líder y desveló a sus alumnos que no habría tal comunicado y que nadie iba a tratar de implantar el sistema de la Tercera Ola.

Con cuidado y paciencia, logró convencer a sus alumnos de que todo era una ficción y les hizo ver cómo habían sido manipulados y con qué facilidad un régimen totalitario podía adueñarse de la voluntad de las personas.

Curiosidades

El nombre del movimiento, Tercera Ola (en inglés, Third Wave), hace referencia a la creencia de que cuando el oleaje del mar llega a tierra en una serie de olas, la tercera ola es la que más fuerza tiene.

Durante mucho tiempo Ron Jones se sintió avergonzado y con remordimientos por su experimento, y no fue hasta 1976 (nueve años más tarde de haberlo realizado) que se decidió a escribir una breve historia para contarlo, historia que tras publicarse dio origen a una serie de televisión que popularizó y otorgó fama a los sucesos que habían ocurrido durante los cinco días que duró el experimento de la Tercera Ola.

A raíz de la fama adquirida con la publicación del relato vinieron, en los años posteriores, los libros, los documentales, la película y hasta el musical. Todos ellos sirvieron para contar cómo la demostración de Jones consiguió transformar, en solo cinco días, a un grupo inicial de treinta y tres adolescentes que habían sido educados en los valores de la democracia y la libertad, en un numeroso grupo de adeptos a un sistema totalitario, que durante unos breves instantes, al menos en la mente de todos ellos, amenazó con imponerse como sistema de gobierno a millones de personas.

Referencias

Jones, R. (1976). *No Substitute for Madness! A collection of short stories by Ron Jones.* San Francisco, CA: Zephyros Educational Exchange.

FUENTES DOCUMENTALES

Hancock, M. (2010). *The Way Home*. Mark Hancock and The Wave Home. Consultado en http://www.thewavehome.com

Johnston, S. (2008, 5 de septiembre). *The Wave: the experiment that turned a school into a police state*. Londres: Telegraph Media Group Limited. Consultado en http://www.telegraph.co.uk/culture/film/3559727/The-Wave-the-experiment-that-turned-a-school-into-a-police-state.html

Jones, R. (2014). *Ron Jones. Author/Media Artist*. Ron Jones. Consultado en http://www.ronjoneswriter.com

Whiting, S. (2010, 30 de enero). *In 'The Wave,' ex-teacher Ron Jones looks back*. New York: SF Gate, Hearst Communications, Inc. Consultado en http://www.sfgate.com/performance/article/In-The-Wave-ex-teacher-Ron-Jones-looks-back-3274503.php

UNA EXPERIENCIA PERSONAL: MI PARTICIPACIÓN EN UN EXPERIMENTO PSICOLÓGICO

No quisiera terminar el libro sin contar, muy brevemente, mi propia experiencia en un experimento en el que participé en mi época de estudiante universitario.

En el tercer año de carrera, el profesor de Psicología Fisiológica pidió en clase voluntarios para participar en un experimento de su departamento. Como recompensa, daría a quienes se presentasen un punto más en la nota final de la asignatura.

Unos cuatro o cinco compañeros y yo, más por la recompensa que por contribuir al avance científico (algo que me temo que es una actitud muy común entre todos los participantes de experimentos) decidimos, entre sonrisas y miradas cómplices, ofrecernos como sujetos experimentales para la investigación.

El experimento, por lo que recuerdo que nos contó el profesor, pretendía medir las respuestas fisiológicas del organismo ante el *entrenamiento autógeno*.

El entrenamiento autógeno es una técnica que se basa en conseguir la relajación del cuerpo mediante la concentración. En algunos momentos, si el grado de concentración alcanza niveles importantes, posibilita llegar a un estado mental similar al que se experimenta durante la hipnosis.

El experimento

Antes de empezar el experimento, nos colocaron una serie de electrodos y dispositivos por todo el cuerpo para medir nuestras respuestas fisiológicas. A continuación entramos todos juntos en una cámara experimental (un habitáculo con sitio para cinco o seis personas, con gruesas paredes y una puerta de varios centímetros de grosor) y se inició la prueba.

En primer lugar escuchamos una grabación en la que se nos dieron una serie de instrucciones sobre cómo se desarrollaría la sesión de entrenamiento autógeno. Al final de las indicaciones, la voz grabada dijo que cuando el experimento terminara *«debíamos tocarnos el pie derecho con la mano izquierda».* Tomé nota mental de esta instrucción y me dispuse, junto con el resto de mis sonrientes y expectantes compañeros, a adentrarme en el fascinante mundo del entrenamiento autógeno.

Una nueva grabación nos fue indicando que fijáramos nuestra atención en un punto de una de nuestras manos. Poco a poco debíamos ir concentrándonos en ese punto. Una vez pasados varios minutos, la voz en off nos dijo que estiráramos un dedo y nos centráramos en la sensación de rigidez que experimentábamos. De esta manera, con otras pruebas similares, me fui sumiendo progresivamente en un estado de concentración en el que solo prestaba atención a las sensaciones físicas que la grabación indicaba.

Pasó el tiempo sin darme cuenta. La grabación nos decía ahora que aproximáramos los dedos índice de cada mano, sin que llegaran a tocarse, y nos concentráramos en la «corriente» que había entre ellos. ¡Efectivamente!, podía notar como se atraían, igual que si se tratara de dos imanes.

La grabación continuó. Nos indujo a que nos concentráramos en escuchar el zumbido de una mosca inexistente, y efectivamente la escuché. También nos dijo que nos centráramos en poner rígido el brazo, hasta el punto de que si intentábamos flexionarlo notaríamos cierto dolor. También en este caso, con una gran sorpresa, fui consciente de cómo me resultaba casi imposible doblar el brazo.

Así pasó el tiempo, con todos sumidos en una especie de ensoñación (después el profesor nos dijo que habían pasado casi dos horas), hasta que la grabación dijo que el experimento había terminado.

En ese momento todos los presentes se mantuvieron callados, quietos y sentados (excepto el profesor, que esperaba de pie). Me daba la sensación de que había que hacer algo y que nadie se atrevía o se acordaba.

Entonces recordé que había tomado nota mental de que al final del experimento había que tocarse el pie derecho con la mano izquierda. Supuse que el profesor estaba esperando a que lo hiciéramos para dar por terminada la prueba, así que... me incliné hacia delante y toqué mi pie derecho con la mano izquierda.

En cuanto me incorporé, observé que mis compañeros me miraban sonrientes (alguno hasta se reía abiertamente). El profesor, de pie, también sonreía como si hubiera pasado algo importante. Me fijé en que ninguno más de los allí presentes se había tocado el pie.

El experimento se dio por terminado.

¿Qué pasó?

En cuanto salimos de la cámara experimental pregunté por qué nadie se había tocado el pie con la mano. Me dijeron que la grabación que habíamos escuchado al principio había dicho que al final del experimento, como resultado del estado «hipnótico» en el que nos sumiríamos, *sentiríamos el impulso irrefrenable de tocarnos el pie con la mano»*. ¡Así que era eso! Mis compañeros y el profesor se reían porque pensaban que yo había entrado en un estado hipnótico tan intenso que me toqué el pie en contra de mi voluntad.

Supongo que ellos, de cierta forma, se sentían superiores por no haberse dejado dominar por la sedante voz en off de la grabación, y el hecho de comprobar que yo había claudicado del control de mi voluntad reforzaba su creencia y les hacía resistentes a creerme.

Traté de explicarles que no había ocurrido así. Les dije que me había tocado el pie porque había entendido mal las instrucciones, pero cuanto más me explicaba, más risitas y medias sonrisas de condescendencia recibía. Todos mis esfuerzos resultaron inútiles.

A lo largo de los años, aprovechando la relación de amistad que tenía con varios de ellos, traté en diferentes ocasiones de aclarar lo sucedido. Esperaba ladinamente a que se presentara la oportunidad adecuada y, haciéndome el despistado, sacaba el tema como quien no quiere la cosa (en realidad esperaba el momento con impaciencia y lanzaba un planificado ataque) e intentaba convencerles de mi versión. Al no lograrlo, mi fingido desinterés desparecía y, más ansioso, les urgía a que me creyeran.

Pero desafortunadamente mis taimados intentos de restaurar mi imagen pública nunca dieron resultado. Como en aquel ya lejano día del experimento, siempre continué recibiendo como respuesta medias sonrisas condescendientes y giros de cabeza o miradas al suelo para ocultar una sonrisa.

No sé qué resultados se extrajeron del experimento. Creo recordar que unas semanas después el profesor nos dijo que se había confirmado su hipótesis, que no recuerdo cuál era. Lo importante para mi herido orgullo es que no he logrado convencer a los allí presentes de que me toqué el pie por mi propia voluntad, y que fue un despiste al escuchar las instrucciones y no los efectos de la hipnosis lo que me llevó a hacer ese movimiento.

Curiosidades

A pesar de la pequeña frustración personal que durante tanto tiempo ha supuesto que mis amigos no crean mi versión de los hechos, el experimento consiguió despertar en mí el interés por el entrenamiento autógeno.

Con la ayuda de la experiencia vivida en la prueba y de los estudios de psicología que cursaba, en aquella época profundicé un poco más en el conocimiento de esta técnica. Como resultado, llegué a tener un buen control sobre ella, hasta el punto de que durante muchos años la utilicé para conseguir conciliar el sueño en aquellas noches en las que, por el motivo que fuera, me resultaba difícil dormir. La destreza que adquirí llegó a ser tal que con facilidad lograba quedarme dormido en cuestión de solo unos minutos.

En otras ocasiones, exploraba el nivel de concentración al que podía llegar, consiguiendo excelentes, y a veces sorprendentes, resultados (es necesario decir a toda persona que esté interesada en este tema que el aprendizaje de esta técnica debe hacerse siempre bajo la supervisión de un profesional).

Así que esta es la historia de mi participación en aquel experimento. Pensándolo dos veces, aunque mis fallidos intentos de conseguir que mis amigos me creyeran hayan supuesto para mí un continuo motivo de disgusto, lo cierto es que, aunque no tuvieron éxito, siempre sirvieron para despertar en ellos una sonrisa y que pasaran un buen rato a mi costa, así que en ese sentido lo cierto es que, como se dice habitualmente, valió la pena.

Además, espero que contándole a usted, estimado lector, mi versión de los hechos, desaparezca el sentimiento de frustración que he arrastrado durante años al no conseguir que alguien me creyera, porque... ¿usted me cree, verdad?

BIBLIOGRAFÍA Y RECURSOS

LIBROS

García Vega, L. (2007). *Breve historia de la psicología*. Madrid: Siglo XXI.

Green, C. D. (2004). *Classics in the History of Psychology*. Toronto: York University. Recuperado de http://psychclassics.yorku.ca/Sherif/index.htm

Real Academia Española (2014). *Diccionario de la lengua española (22ª ed.)*. Consultado en http://www.rae.es

Tortosa, F. y Civera, C. (2006). *Historia de la psicología*. Madrid: McGraw Hill.

Wilde, O. (2000). *El retrato de Dorian Gray*. Madrid: Editorial Alba.

REVISTAS

American Association for the Advancement of Science, AAAS (2014). *Science*. Washington, D.C.: American Association for the Advancement of Science. Página web http://www.sciencemag.org

American Psychological Association, APA (2014). *American Psychologist.* Washington, D.C.: American Psychological Association. Página web http://www.apa.org/pubs/journals/amp

American Psychological Association, APA (2014). *History of Psychology.* Washington, D.C.: American Psychological Association. Página web http://www.apa.org/pubs/journals/hop

American Psychological Association, APA (2014). *Journal of Abnormal and Social Psychology.* Washington, D.C.: American Psychological Association. Página web http://www.apa.org/pubs/journals/abn/index.aspx

American Psychological Association, APA (2014). *Journal of Experimental Psychology.* Washington, D.C.: American Psychological Association. Página web http://www.apa.org/pubs/journals/xlm/index.aspx

American Psychological Association, APA (2014). *Psychological Monographs.* Washington, D.C.: American Psychological Association. Página web http://www.apa.org/pubs/databases/news/2011/11/psycarticles.aspx

American Psychological Association, APA (2014). *The Journal of General Psychology.* Washington, D.C.: American Psychological Association. Página web http://www.apa.org/pubs/journals/xge

American Sociological Association (2014). *Social Psychology Quarterly.* Washington, D.C.: American Sociological Association. Página web http://www.asanet.org/journals/spq/social_psychology_quarterly.cfm

American Speech-Language-Hearing Association, ASHA (1997-2014). *AJSLP.* American Journal of Speech-Language Pathology. Rockville, MD: American Speech-Language-Hearing Association. Página web http://ajslp.pubs.asha.org

Annals of Neurosciences (2011). *Annals of Neurosciences. Official Journal of Indian Academy of Neurosciences.* Chandigarh: Annals of Neurosciences, Neuroscience Research Lab. Página web http://annalsofneurosciences.org/journal/index.php/annal

Sussex Publishers, LLC (1991-2014). Psychology Today. New York, NY: Sussex Publishers, LLC. Página web http://www.psychologytoday.com

RECURSOS

American Psychological Association, APA (2014). *APAPsycNET.* Washington, D.C.: American Psychological Association. Página web http://psycnet.apa.org/index.cfm?fa=search.defaultSearchForm

Informa UK Limited (2014). *Taylor & Francis Online. The online platform for Taylor & Francis Group content.* London: Informa UK Limited. Página web http://www.tandfonline.com

ITHAKA (2000-2014). *JSTOR.* New York: ITHAKA. Página web http://www.jstor.org

Noves Idees per a la Xarxa, S.L. (2013). *Proverbia.net.* Valencia: Novixar. Página web http://www.proverbia.net

SOBRE MÍ

Nací en A Coruña (España) en 1973. Soy licenciado en Psicología por la Universidad de Santiago de Compostela. Empecé desarrollando mi labor profesional como psicólogo ejerciendo desde la iniciativa privada, y poniendo en marcha un programa de deshabituación de conductas adictivas. Más tarde trabajé como orientador en un proyecto de inserción laboral destinado a jóvenes, colectivos desfavorecidos y personas en riesgo de exclusión social. En los últimos años he impartido actividades de formación tanto en el sector privado como en colaboración con la Universidad de A Coruña, combinándolas con una labor profesional en la empresa privada, y me he dedicado a escribir libros de psicología práctica.

Soy miembro de la Asociación Colegial de Escritores de España y formo parte de la Author Central de Amazon.com para escritores independientes.

Para saber más sobre mí y sobre mi trabajo, visite mi página web:
http://www.ricardocalza.es

Puede enviarme sus comentarios, dudas o sugerencias a la dirección de correo electrónico:
ricardocalza@hotmail

ERRATAS

En caso de que a lo largo del libro haya encontrado algún error o errata, por favor, no deje de indicármelo enviándome un correo electrónico.